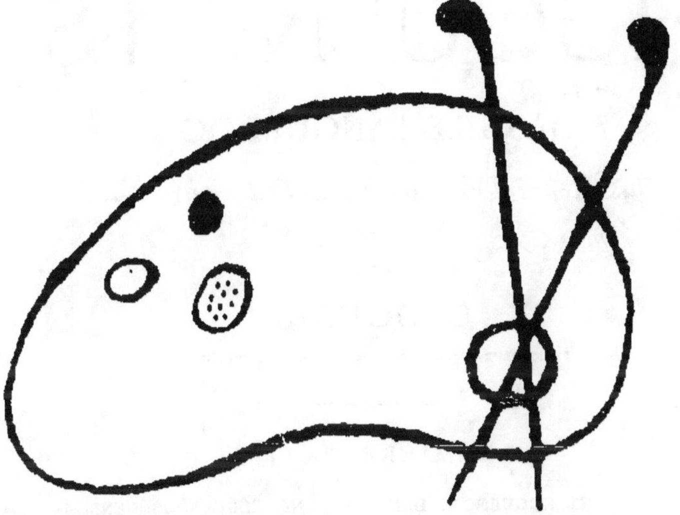

Début d'une série de documents
en couleur

CAPUCINS

ET

HUGUENOTS

DANS LE LANGUEDOC

Sous Henri IV, Louis XIII et Louis XIV

PAR

C. DOUAIS

PROFESSEUR A L'INSTITUT CATHOLIQUE DE TOULOUSE

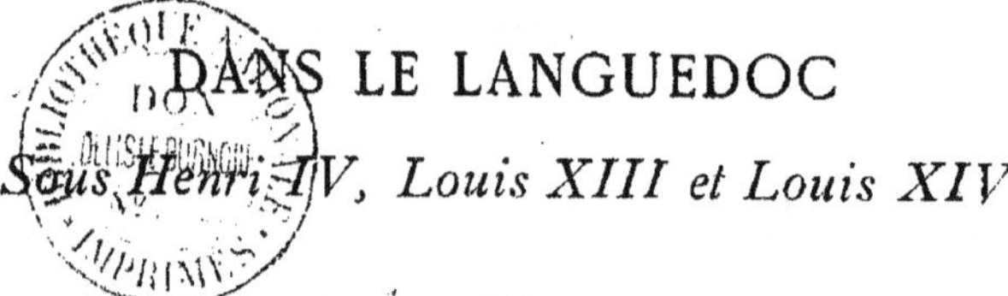

PREMIÈRE PARTIE

CAPUCINS ET HUGUENOTS DANS LE LANGUEDOC SOUS HENRI IV

(Extrait de LA CONTROVERSE ET LE CONTEMPORAIN).

LYON

IMPRIMERIE ET LIBRAIRIE VITTE & PERRUSSEL

3O, RUE CONDÉ, ET PLACE BELLECOUR, 3 ET 5

1888

DU MÊME AUTEUR

L'Eglise des Gaules et le Conciliabule de Béziers tenu en l'année 356. 1875. 1 vol. in-12 . . . . 3 »

Les Albigeois; leurs origines. 1880. 1 vol. in-8°. . 7 50

De l'Enseignement de l'Histoire ecclésiastique. 1882. 1 50

Le Siège de Carcassonne (1-15 août 1209). 1882. Epuisé.

Les Sources de l'Histoire de l'Inquisition dans le midi de la France au XIIIe et au XIVe siècle. 1881. Epuisé.

L'Eglise et la Croisade contre les Albigeois. 1882. (Epuisé).

Le Pèlerinage de Notre-Dame de Pitié de Mougères (Hérault). Son histoire et son culte. 1883. . . . 1 50

Soumission de la Vicomté de Carcassonne par Simon de Montfort. 1884. (Epuisé).

Essai sur l'Organisation des Etudes dans l'Ordre des Frères Prêcheurs au XIIIe et au XIVe siècle. 1884. . 8 50

Le P. Polycarpe de Marciac. 1884. . . . . . 1 »

De l'Auteur du Stimulus amoris. 1885. . . . . 1 »

Les Frères Prêcheurs à Pamiers au XIIIe et au XIVe siècle. 1885 . . . . 3 »

Les Frères Prêcheurs en Gascogne au XIIIe et au XIVe siècle. 1885 . . . . 15 »

La Persécution des Chrétiens de Rome en l'année 64. 1885. (Epuisé).

Practica Inquisitionis heretice pravitatis, auctore Bernardo Guidonis. Manuel de l'Inquisiteur publié pour la première fois. In-4°, 1886. . . . . 12 »

Inventaire des Biens meubles et immeubles de l'Abbaye de Saint-Sernin de Toulouse, dressé le 14 septembre 1246. 1886 . . . . 3 »

Saint Thomas d'Aquin dans la Dévotion chrétienne au XIVe et au XVIIe siècle. Etude historique. . . . . 1 »

Cartulaire de l'Abbaye de Saint-Sernin de Toulouse (844-1200). Couronné par l'Institut (Acad. des Inst. et Belles-Lettres). In-4°, 1887. . . . . 40 »

Deux Reliquaires de l'Abbaye de Saint-Sernin de Toulouse. Mémoire accompagné de huit dessins. In-4°. 1888. 2 »

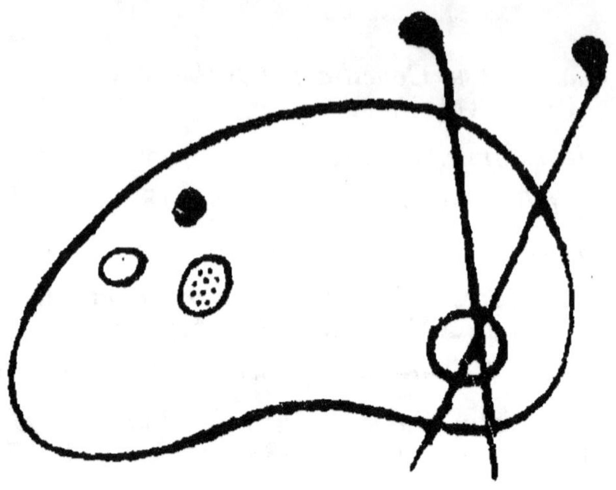

Fin d'une série de documents
en couleur

CAPUCINS ET HUGUENOTS

DANS LE LANGUEDOC

Sous Henri IV, Louis XIII et Louis XIV

La congrégation des Frères Mineurs Capucins est née
en Italie, au couvent de Monte-Falcone, en 1525, sous l'im-
pulsion rénovatrice du P. Mathieu Baschi, dont Clément
VII approuva, en 1528, le pieux dessein. Le capuce long
et pointu, le port de la barbe, et la pratique d'une pauvreté
extrêmement rigoureuse distinguèrent des Observantins et
des Récollets les membres de cette congrégation. Quarante-
sept ans seulement après leur établissement, les nouveaux
fils de saint François passèrent les monts et se fixèrent
dans le royaume. Le pape Paul III avait, en 1537, donné
l'Italie pour limite à leurs fondations. Mais, à la demande
de Charles IX, conseillé, ce semble, par sa mère, Catherine
de Médicis (1), le pape Grégoire XIII les autorisa à s'établir
en France, et c'est en 1574 que celle-ci les reçut. Ils
parurent pour la première fois en public aux obsèques de

(1) Catherine de Médicis leur continua ses faveurs. Ainsi, pendant
que, en mai 1588, on faisait des processions à Paris pour obtenir la
réconciliation du duc de Guise et d'Henri III, elle envoya à Chartres
beaucoup de Capucins avec mission de prier devant la madone. —
Archives du Vatican, *Lettere*, tom. XXVIII, f° 335, d'après M. de l'Epinois, *La Ligue et les Papes*, p. 164, not. 2.

Charles IX. Ainsi, ils arrivèrent en France au lendemain de la Saint-Barthélemy et à la veille de la Ligue, en pleine effervescence des luttes religieuses et civiles.

Toulouse, la première ville du Languedoc et la seconde du royaume, qui devait jusqu'à la fin rester totalement dévouée à la Ligue, demanda les Capucins en 1581, par le moyen du fameux Duranti, premier Président du Parlement, qui s'en ouvrit au chapitre général, réuni à Rome cette année (1). Au mois d'octobre de l'année suivante, dix-huit religieux, la plupart italiens, arrivaient donc à Toulouse sous la conduite du P. Gaspard de Pavie, gardien du couvent de Rome, nommé commissaire pour la fondation du nouveau couvent. « Ils y feurent receus comme en triomphe de Monsieur le premier Président et de Messieurs du Parlement. On les conduisit avec grande joye et dévotion au collège de Verdalle » (2), que les capitouls avaient

---

(1) Toulouse reçut les Capucins des mains du Père général, tandis que Lyon et la Belgique les reçurent du couvent de Paris. P. Apollinaire de Valence, *Histoire des Capucines de Flandre*, tom. I, not. A, p. 513 et suiv. In-8, Paris, 1878.

(2) *Recueil chronologique des choses qui concernent la fondation et le progrez de la province des capucins d'Aquitaine ou de Tolose*, par le P. Gabriel de Saint-Nazaire, p. 5. — Arch. de la Haute-Garonne. Fonds H, fonds des Capucins, n° 7, vol. in-f°. — Les délibérations des capitouls des années 1581, 1582 et 1583 ne contiennent rien à ce sujet. Lafaille (1701) l'avait déjà fait remarquer. *Annales de la ville de Toulouse*, II, 373. Voici comment Catel a raconté cette fondation : « Messire Jean-Estienne de Duranti, premier président pour lors de Toulouse, voyant qu'il y avoit des Capucins à Paris, Lyon, et autres villes, eut désir, comme grandement zélé au bien de la Religion catholique, de procurer qu'en Toulouse il y eût un couvent de cet ordre; et pour parvenir à ce qu'il souhaitoit, envoya à Rome Me Pierre Roguery, prêtre et prébandier en l'église de Saint-Estienne, homme fort dévot et fort affectionné à ces religieux, avec adresse à Mr de Foix, archevêque de Toulouse (en 1585 seulement), qui étoit alors à Rome, comme ambassadeur du roy Henri III, lequel il prioit par ses lettres qu'il luy plût de favoriser ses desseins, c'est-à-dire de faire en sorte qu'il y eut un couvent de Capucins dans Toulouse. L'affaire fut poursuivie si bien à propos, qu'en l'an 1581 on donna charge au Père Thomas de Turin, gardien du couvent de Lyon, de s'en venir en la ville de Toulouse; où étant arrivé il prêcha en l'esglise de Saint-Estienne et gagna tellement le cœur des habitans, qu'ils delibererent à leur prière, d'arrêter en cette ville. Et à ces fins, ils ache-

mis à leur disposition. A la vérité, Duranti, ami des Cordeliers et peut-être circonvenu par eux, plus probablement mécontent des relations des Capucins avec les ligueurs pour lesquels ils se déclaraient, ne tarda pas à faire opposition à leur établissement. Mais cette opposition inattendue n'entrava ni bien sérieusement, ni longtemps, une fondation sympathique à la population tout entière. Du reste, toute la province, le bas comme le haut Languedoc, se montra presque aussitôt favorable aux Capucins : ils ne tardèrent pas à avoir pour eux l'opinion même des amis du roi de Navarre. Un des principaux chefs des « bigarrés », Damville-Montmorenci, les appela, à peine arrivés, à Béziers et à Agde, dont il dota les couvents. Albi, Gaillac, Montpellier, Narbonne, Carcassonne, etc., les demandèrent ou les accueillirent avec joie. Bientôt les fondations furent assez nombreuses pour former, avant la fin du xvie siècle, sous le nom de province d'Aquitaine, une vaste province, qui s'étendait de Bordeaux à Montpellier. En 1638, cette province, divisée en quatre custodies, la custodie de Toulouse, la custodie de Béziers, la custodie de Bordeaux et la custodie de Béarn, comptait quarante-six couvents et six missions (1). Deux ans plus tard, cette immense province s'était démembrée, et l'on eut la province de Guyenne et la province

terent, des aumônes qui leur furent faites, même par ledit Roguery, qui leur donna cinq ou six cens écus, le Collège de Verdale, qui appartenoit aux Pères Minimes, ensemble le collège de Montlezun, et quelques jardins y joignans. Ce fait, ils abbaisserent le bâtiment du Collège et le remirent en la forme que sont les maisons dudit ordre ; et de la chapelle dudit Collège, ensemble de la salle, ils en firent une petite église, sous l'invocation de Notre-Dame et des saints martirs Hippolite et Cassian, desquels saints ils trouverent quelques reliques dans la chapelle dudit Collège. Aussitôt qu'ils se furent arrêtez en Toulouse, ledit Roguery et un sien neveu prirent l'habit dudit ordre ; depuis, et en l'an 1593, leur église fut agrandie, ensemble le couvent, du grand réfectoir, dortoir et infirmerie. » *Mémoires pour servir à l'histoire de Languedoc,* p. 221.

(1) P. Gabriel de Saint-Nazaire, *Rec. chron.,* à l'année 1638. Le couvent de mission était établi *inter haereticos* dans un but de controverse. La plupart de ces maisons réussirent graduellement à ramener à l'Eglise le plus grand nombre des hérétiques du lieu où elles étaient établies, et par suite furent converties en couvents.

de Languedoc ou de Toulouse (1). A la fin du XVIIe siècle, celle-ci, divisée en deux custodies, la custodie de Toulouse et la custodie de Béziers, comptait trente-sept couvents (2), et le nombre de ses religieux morts en 1694
s'élevait au chiffre de onze cent quatre-vingt-dix-huit (3).

Or, dans la province d'Aquitaine comme dans la province de Languedoc, les Capucins rencontrèrent de bonne
heure, fréquemment et pendant de longues années, les
Huguenots ardents à la dispute, jaloux d'abriter leur culte
sous les privilèges qu'ils avaient conquis les armes à la
main, adversaires résolus d'hommes capables de déjouer
leurs ambages théologiques, ou assez forts et populaires
pour amoindrir leur influence. Soit que, sous Henri IV,
ils prennent parti pour la Ligue; soit que, sous Louis XIII,
ils disputent publiquement avec les Huguenots ou qu'ils
écartent les obstacles élevés par ceux-ci à la fondation de
leurs couvents, ou que l'autorité royale les presse de se
consacrer au ministère délicat des missions dans les villes
huguenotes ; soit enfin que, sous Louis XIV, avant et surtout après la révocation de l'édit de Nantes, ils travaillent
par leurs prédications au rétablissement de l'unité religieuse, les Capucins, jeunes alors, fort distingués, les uns
par un savoir peu commun, les autres, le plus grand nombre, par un dévouement sans bornes, souvent héroïque,
présentent une page d'histoire religieuse remplie de faits
intéressants, instructifs et peu connus. Je voudrais, en
m'attachant principalement, sinon uniquement, au Languedoc, recueillir quelques-uns de ces faits qui serviront
à l'écrire (4).

(1) P. Gabriel de Saint-Nazaire, ibid., à l'année 1640 et page 2.
(2) Ibid., à l'année 1693.
(3) Ibid., voyez la liste nécrologique placée à la fin du vol., p. 521.
(4) J'ai puisé les données principales de ce travail à deux sources
neuves : 1° *Memorabilia præcipua provinciæ Aquitaniæ sive Tolosæ
fratrum ordinis sancti Francisci Capucinorum, piæ posteritati dicata.*
— Arch. de la Haute-Garonne, fonds H, fonds des Capucins, n° 1,
vol. pet. in-4° ;
   2° *Recueil chronologique des choses qui concernent la fondation et le
progrez de la province des capucins d'Aquitaine ou de Tolose, conte-*

I

CAPUCINS ET HUGUENOTS SOUS HENRI IV

§ I. *Le Capucin missionnaire.*

Les Capucins, dès leur arrivée dans le Languedoc, se montrèrent ce qu'ils étaient en réalité, non seulement des religieux d'une charité à toute épreuve, mais encore des prédicateurs de mérite, des missionnaires dont le dévoûment universel et journalier rehaussait la parole vive, populaire, remplie de bonne humeur. Je ne fais que rappeler ici, me réservant d'en donner ailleurs le récit glorieux, leur héroïque abnégation pendant les pestes qui ravagèrent la plupart des villes de l'Aquitaine et du Languedoc, Toulouse surtout, à des intervalles rapprochés, en 1588, en 1605, en 1628 et en 1652 ; partout, pendant ces jours de calamité, ils servirent les pestiférés avec une sorte d'entrain irrésistible, triomphant (1). On sait moins que les Capucins furent aussi des prédicateurs infatigables et parfois de grand mérite. Ils réussirent pleinement dans tout le Languedoc. C'est leur succès dans la chaire qui leur assura en beaucoup de villes la sympathie pieuse des populations, prépara même la fondation de la plupart des couvents ou la raffermit. Ainsi, le P. Thomas de Turin (2), gardien du

nues dans divers livres, cayers et autres papiers qui sont conservez dans les archives du couvent de Tolose, fait par le commandement du R. P. Emmanuel de Besiers, provincial de la mesme province, en 1694. — Arch. de la Haute-Garonne, fonds H, fonds des Capucins, n° 7, vol. grand in-f°.

Le P. Gabriel de Saint-Nazaire, qui remplit des charges importantes dans l'ordre, est l'auteur de ce *Recueil.* L'ouvrage fut approuvé par les définiteurs et continué jusqu'en 1750, après le P. Gabriel de Saint-Nazaire, qui mourut à la fin de l'année 1698. Ibid., p. 611.

(1) J'en ai entretenu la Société archéologique du midi de la France. *Bulletin*, séance du 16 décembre 1884, séance du 13 janvier 1885.

(2) Je fais observer ici, une fois pour toutes, que les Capucins faisaient suivre leur nom en religion du nom du lieu de leur origine.

couvent de Lyon, fut, en 1581, envoyé à Toulouse comme commissaire de la fondation du couvent. Or, avant toutes choses, il prêcha à l'église métropolitaine, Saint-Etienne ; « et comme il estoit grand prédicateur et que son éloquence étoit soutenue par la sainteté de sa vie et par l'austérité de son habit, il se faisoit un grand concours de peuple à ses prédications (1) ». Trois ans après, Toulouse entendit le P. Barthélemy de Saint-Julia, d'une illustre famille, « qui feut d'un grand usage, car estant françois et bon prédicateur, il feut le premier capucin qui prescha l'advent et le caresme dans Tolose ; et ce feut l'année d'après qu'il prescha à la Dalbade (2) ». En 1586 il prêcha l'avent, et en 1587 le carême à Saint-Sernin (3).

En 1585, le P. Ange Bresson ou de Rodez, auparavant cordelier, prédicateur estimé, « prescha dans Besiers avec grand succez, et ce feut le premier capucin qui pareut dans cette chaire (4) ». Cette année même, un couvent fut fondé à Béziers.

En 1590, ce même capucin prêcha à Narbonne, où le P. Barthélemy de Saint-Julia s'était déjà fait entendre avec fruit. « Il obtint la délibération du conseil de ville pour nostre establissement », dit le P. Gabriel de Saint-Nazaire (5).

---

(1) *Recueil chronologique*, page 4.
(2) Ibid., pag. 10. La Dalbade était et est encore une paroisse de Toulouse.
(3) Ibid., pag. 13.
(4) Ibid., p. 13.
(5) Ibid., p. 22. — Archives B B. 5. *Délibérations du Conseil de Ville*, 1590, f° 251-255.
L'an 1590 et le Dimenche treiziesme may à Narbonne, dans le grand concistoire de la maison consulaire, Par devant nobles et honorables hommes, Henry Dautamar, sr de La Planasse, contrôleur général et provincial aux gabelles a sel de Languedoc, Lois Dumas, Bernard de Moline, Jehan Najac, Paul Martineve et Jean Mareschal, consuls de la ville, lesquels ont faict assambler et convoquer le conseilh général de la dite ville, à la manière accoustumée, a son de trompe et cry public par les places et carrefours de la dite ville ; auquel y asistants messieurs les Viguier et Juge roiaulx du dict Narbonne, ensemble Me Anthoine Boffras, procureur du roy au dict siège ; auquel conseilh a esté procédé comme sensuit......

A cette date, les étudiants de la province d'Aquitaine n'étaient pas encore en nombre : la province était à peine née. Or, les Capucins attachaient tant d'importance et un si grand prix à la prédication, qu'aussitôt les études finies, si d'ailleurs ils étaient jugés aptes et capables, on s'empressait de leur donner « l'obédiance de la prédication ». En 1597, « le R. P. Bernardin de la Posta, commissaire, porta de Rome les obédiances de la prédication aux étudiants du P. François de Saint-Estienne qui avoint achevé leurs cours, et parmi lesquels il y avoit de bons sujets. Ils feurent tous employez le premier caresme dans de petites villes ; mais, dans la suitte, ils ont occupé de grandes chaires (1) ». De leur nombre était le P. Archange de Lyon, neveu de Nicolas de Villars, évêque d'Agen, destiné à remplir dans l'ordre de hautes et difficiles fonctions. Si nous en croyons le P. Gabriel de Saint-Nazaire, la province d'Aquitaine « n'a guères eu des sujets de la force et du mérite du R. P. Archange. Il joignoit à une illustre naissance une grande piété, une sublime science, et une prudence consommée. Il estoit chéri des grands et des petits, et il

Faictz a proposer au conseilh général. Remonstre le dict sieur Dautamar, premier consul, que......

Messieurs les Religieux Capuchins ont présenté requête aux fins de leur bailler lieu et place dans la ville, adviser sy lon leur doibt permettre prendre le dict lieu ou non......

Monsieur le lieutenant a esté d'advis quant a la requête des frères Capuchins leur accorder une maison dans la ville suivant le contenu en leur requeste......

Monsieur de Malvesin a esté d'advis quand a la requeste des Capuchins remis a Messieurs les consuls leur accorder place dans la ville soub le bon plaisir de Nosseigneurs l'archevesque de Narbonne, Mareschal et duc de Joieuse......

Quant a la requeste présentée par frère Ange, Capuchin, intherignant ycelle leur est permis sacomoder de lieu et place dans la présante ville, suyvant le contenu en leur dicte requeste soubz le bon plaisir de Nosseigneurs l'archevesque de Narbonne, Mareschal et duc de Joyeuse......

Voy. *Chroniques du Languedoc*, 5ᵉ année, p. 136.

Etablissement des Capucins à Narbonne, en 1587.

Je dois cette obligeante communication à M. Maurice Massip, archiviste et bibliothécaire de la ville de Narbonne.

(1) *Rec. chronol.*, p. 53.

avoit le don d'unir ensemble deux choses qui ne se rencontrent guères, d'estre aimé et estimé des grands du siècle, et de conserver la confiance, l'estime et l'affection des religieux. Une preuve convaincante de cela est qu'il a esté provincial par cinq différentes fois, deux dans sa province de Lion, et trois dans celle-ci (celle d'Aquitaine) où il avoit pris l'habit, et que, pendant l'administration de cette charge, il a fondé dans les deux provinces plus de cinquante convens, par l'adresse qu'il avoit de venir à bout de tout ce qu'il entreprenoit. Il estoit un des plus grands prédicateurs de son temps. Il estoit de grande taille, le visage doux en mesme temps et magestueux, les cheveux et la barbe blonde, une voix pleine et agréable, avec une articulation si distincte qu'il sembloit n'estre né que pour parler en public. Ses discours n'avoint rien d'affecté ; mais ils estoint soutenus d'une éloquence naturelle qui valoit plus que les plus grands artifices, de sorte qu'il estoit l'admiration des séculiers et les délices de son ordre. Deux ans après qu'il feut fait prédicateur, il prescha l'advent et le caresme dans la cathédralle de St-Estienne de Tolose. L'année après, il feut envoyé par le R. P. général à Paris pour y prescher ; et despuis il a occupé les principales chaires du royaume (1). » C'est ce prédicateur de si grand renom que nous trouvons à Bayonne en 1615 ; il occupe la chaire le jour de la Toussaint et pendant l'avent, ainsi que pendant le carême de 1616. Son éloquence vive, chaude, entraînante, y dispose les esprits en faveur des Capucins, avant qu'Elisabeth de France, passant à Bayonne pour aller en Espagne épouser Philippe IV, détermine par ses largesses la fondation du couvent (2).

En 1597, le P. Etienne d'Ax « prescha les advens et le caresme à Castelnaudarri ; et pendant l'advent, il toucha si fort les habitans de cette ville que, par délibération du conseil, on le pria d'y bastir un convent (3) ».

(1) *Rec. chronol.*, p. 263. Il mourut à Toulouse, le 11 octobre 1630.
(2) Ibid., p. 158.
(3) Ibid., p. 52. — 21 décembre 1597. Fondation des Capucins ; leur établissement à Saint-Roch. *Extraict des délibérations des con-*

L'année suivante, le P. Joseph de Marseille « donna beaucoup de satisfaction à Monsr l'Évêque et au peuple d'Agen (1) ». En 1601, le P. Basile de Saint-Macaire prépara de même par ses prédications la fondation du couvent de Bordeaux (2), et le P. Jean-Baptiste de Vic (3) celle du couvent de Grenade (4).

Il serait facile, mais évidemment superflu ici, d'accumuler des faits semblables. Comme ceux que je viens de citer, ils donneraient au Capucin du premier temps une même physionomie ; on la reconnaît dans le Capucin d'aujourd'hui. Il est un missionnaire à la parole abondante et apostolique. Il prêche aux masses avec un zèle infatigable. Par exemple, le P. Bénin de Toulouse, « grand théologien et sublime prédicateur », réussit très bien « dans cet exercice, il a une passion de prescher qu'on peut dire qu'il va dans l'excès (5) » ; le P. Honoré de Cannes, l'apôtre de toute la France, on peut le dire, avec plus d'éclat que Bridaine ne le fut plus tard, donne à Toulouse une mission qui dure trois mois, du 22 avril au 22 juillet de l'année 1678 ; il prêche tous les jours, un mois dans l'église de la Dalbade, un mois dans l'église de Saint-Etienne, un mois dans l'église de Saint-Sernin (6). Le Capucin enseigne ; il exhorte, il touche, il persuade par sa franche bonhomie. Ramener au devoir le catholique qui l'oublie et à la vraie foi l'hérétique qui s'abuse, tel est le double but qu'il poursuit, comme les autres ordres religieux sans doute, mais avec l'entrain et l'éclat d'une jeunesse vigoureuse.

<hr>

suls et conseils municipaux de la communauté et commune de Castelnaudary, vol. 8, f°s 229-233. Archiv. munic. de Castelnaudary.

(1) *Rec. chronol.*, pag. 57.
(2) Ibid., pag. 68.
(3) Vic, Hérault.
(4) Ibid., pag. 78. Grenade, Haute-Garonne.
(5) Ibid., pag. 449. Il mourut à Rodez en 1663.
(6) Ibid., pag. 503.

§ II. *Le P. Ange de Rodez et Louis Charbonneau.*

L'hérésie, c'était alors le protestantisme, principe de douloureux déchirements dans l'Eglise et de désolants désordres dans l'Etat depuis de très longues années déjà, et conséquence d'un mouvement irrégulier de réforme. Parmi les religieux, les Capucins ne furent certes pas les seuls à s'opposer aux doctrines nouvelles : les autres ordres fournirent de vaillants soldats et aussi des chefs habiles, expérimentés, des maîtres dans la doctrine. Mais, après 1575, il est permis de compter les Capucins au nombre des plus actifs, des plus zélés, des plus intelligents défenseurs de l'Eglise en France, non pas simplement dans le domaine de la littérature théologique (1), mais aussi et surtout dans les relations de la vie, dans le ministère évangélique et par leur influence pratique. Ainsi Pierre Du Moulin, le fameux « ministre de la parole de Dieu », dans son livre intitulé *Le Capucin*, disait des Capucins qu'ils avaient « la vogue et l'admiration des peuples » (2). Il ajoutait : « J'ay veu ès maisons des princes et gentils-hommes de qualité, des petits enfants de l'aage de six à sept ans, habillés en capucin. Les mères font cela pour imprimer ès cœurs de leurs enfants l'amour et reverence de l'ordre de Saint-François » (3). Ceux d'entre eux qui, comme le P. Daniel de Saint-Sever et le P. Pierre de Calatayud (*Petrus Trigosus*) (4), se distinguèrent par leur savoir et nous ont laissé

(1) Voyez leurs noms et leurs œuvres dans Hurter, *Nomenclator litterarius*, tom. I, pp. 194, 502, 507, 552, 554, 568, etc.

(2) *Le Capucin, traitté auquel est descrite et examinée l'origine des Capucins, leurs Vœux, Reigles et disciplines*, p. 8. In-12, sans date ni lieu. Paru à Sedan, J. Jannon, 1641, in-8 ; à Genève, 1641, in-12 ; trad. en allemand, Bâle, 1642, d'après *la France protestante*, tom. V, p. 818, à l'article Pierre du Moulin. Deux. édition. Pamphlet brûlé par les mains du bourreau. Très rare.

(3) Pag. 10.

(4) Le P. Apollinaire de Valence, *Biblioth. frat. minor. Capuccinorum*, p. 135. In-fol., Rome et Naples, 1886.

des ouvrages de réel mérite, étaient déjà formés à la science
avant d'entrer dans l'ordre (1). Cependant on ne saurait
méconnaître que les dernières années du xvie siècle et la
première moitié du xviie correspondent à cette période
d'héroïsme que tous les ordres religieux, sans en excepter
un seul, ont connue à leur origine et que la divine provi-
dence ne refusa pas aux Capucins. Ils exercèrent une action
profonde, qui fut très favorable à la religion catholique.

On ne peut donc s'étonner de trouver les Huguenots dans
les rangs de leurs adversaires. Ils sont moines ; ils prê-
chent ; ils disputent même publiquement ; ils convertis-
sent ; ils sont les amis des ligueurs ; ils sortent du peuple ;
et le bon peuple, qui se reconnaît dans leur sans-façon
et leur franc langage, les aime : autant de raisons qui
créent entre les Huguenots et les Capucins un antagonisme
ardent, qui les séparent, qui les rendent ennemis.

Dès le premier jour la rencontre a lieu sur le terrain de
la controverse, ou du moins les Capucins s'essayent au
maniement de cette arme qui leur procurera plus tard de si
éclatantes victoires. C'est à Béziers que cette lutte com-
mence dans le Languedoc, à ne s'en rapporter, du moins,
qu'aux documents, trop rares, parvenus jusqu'à nous ;
encore faut-il ajouter que les *Memorabilia* et le *Recueil
chronologique* se taisent sur la dispute qui s'engagea entre
Louis Charbonneau et le P. Ange de Rodez, en juin 1586.
C'est Charbonneau lui-même qui a mentionné le fait (2).

(1) Le P. Daniel était « docteur gradué » quand il se fit capucin, et
le P. Pierre avait été jésuite.

(2) Louis Charbonneau, originaire de Béziers, d'une famille bour-
geoise et huguenot, a laissé une chronique bitteroise embrassant
quatre années, 1583-1586, sous le titre : *Brief recueil et sommaire
de toutes les choses les plus remarquables advenuës en ce païs de Languedoc, et specialement en la presente ville de Beziers, recueilli fidel-
lement par moy Louis Charboneau, l'an 1506.* Cet écrit est plus connu
sous le titre : *Journal de Louis Charbonneau.* Publié pour la première
fois en 1759 par Ménard et d'Aubais, *Pièces fugitives pour servir à
l'histoire de France,* tom. II, il a été réédité de nos jours d'abord par
M. G. Azaïs : *Journal de Charbonneau sur les guerres de Béziers
pendant la Ligue,* 1583-1586, dans le *Bulletin de la Société archéologique de Béziers,* tome VII, p. 39 ; ensuite par M. Germain, d'après le

Quelle était donc la situation des Huguenots à Béziers, quand les Capucins y arrivèrent en 1583, et en 1586, année de leur établissement définitif et de la dispute du P. Ange de Rodez et de Louis Charbonneau? Il n'est pas possible de la décrire dans le détail; mais Louis Charbonneau, dont le journal embrasse justement ces quatre années, nous en donne une idée suffisante. Il est vrai qu'au 13 de février 1583, il écrit : « Samuel Bonnafous, fils de sire Jean Bonnafous, marchand de cette ville, alla épouser femme au lieu de Fougeres (1). parce qu'il n'y avoit autre lieu plus près de la ville ou l'exercice de la Religion fut; et lui fut donné femme Izabel de Genson, fille à sire Estienne Genson, apoticaire de la présente ville (2). » Mais il ne faut pas en conclure que les Huguenots ne pouvaient alors exercer librement leur culte à Béziers. En 1571, il avaient été autorisés à y rentrer (3). C'est à Béziers que, en 1578, cinq ans avant l'arrivée des Capucins, les états, à la demande de Jean de Montluc, évêque de Valence, avaient pris la délibération de vivre en paix, sans distinction de culte (4), et ainsi avaient comblé les vœux de François de Coligny de Châtillon, fils de l'amiral, qui alors commandait à Montpellier. Sans doute, en juillet 1585, Henri III, ayant « signé la Ligue », donna un édit aux termes duquel « les ministres vuideroint dans un mois le royaume, et les autres de ladite Religion dans six mois, avec permission de vendre leurs biens, ou bien se convertir à l'Eglise romaine » (5). Mais Montmorenci refusa au présidial de Béziers la permission de le publier, bien que le parlement de Toulouse eût rendu un arrêt de suppression contre tous les sièges présidiaux qui n'avaient pas fait publier l'édit du

texte original : *Journal de Louis Charbonneau*, Montpellier, 1874, in-4°, 82 pag. Je suis l'édition donnée par M. Germain : elle est supérieure à celle de Ménard et d'Aubais, que M. Azaïs s'est contenté de reproduire.

(1) Faugères (Hérault).
(2) *Journal*, p. 11, 12.
(3) *Hist. génér. de Languedoc*, tom. V, p. 307. Ed. orig.
(4) *Ibid.*, p. 367, 368.
(5) *Journal*, p. 48.

roi, et que le présidial de Béziers, désireux d'échapper aux
conséquences de l'arrêt, eût voulu s'y conformer (1). Jamais
Montmorenci n'avait été partisan de la Ligue. A cette date,
il était résolu plus que jamais, en combattant le duc de
Joyeuse, chef de la Ligue, à continuer sa résistance à
Henri III. Le 19 juillet 1585, Châtillon, accompagné par
M. de la Place, ministre de l'église réformée de Montpellier, était venu le trouver à Béziers; ils s'étaient réconciliés (2).
Montmorenci s'était même rendu à Castres pour prendre
les ordres du roi de Navarre (3); et décidé à résister à la
Ligue, qui dominait dans le haut Languedoc, il mettait
une activité extrême à fortifier Béziers (4). Y eussent-ils,
depuis l'affaire de 1562 (5), été inquiétés, les Huguenots
auraient alors bénéficié de la politique de l'orgueilleux
duc, qui commandait et régnait sur tout le bas Languedoc.
En fait, ils y jouissaient de la liberté la plus grande, malgré les réclamations des catholiques. « Le premier jour de
ce mois d'octobre [1583], écrit Charbonneau, M. de Cha-
tillon étant en cette ville logé au logis de la Croix blanche,
y fit precher par un ministre quand et lui, nommé Dau-
baïs (6), dont les catholiques en furent fort scandalisez,
meme en firent enquerir, et manderent la procedure a
Toulouze (7). » Les « persécutions » à la suite desquelles
André Amatty, médecin renommé, avait, quelques années
auparavant, renoncé à la religion réformée (8), ne se pro-
duisaient plus; Louis Charbonneau put sans peine le voir,

(1) *Journal*, p. 49.
(2) *Ibid.*, p. 47.
(3) *Mémoires de Jacques Gaches*, p. 296, publiés par M. Pradel.
In-8, Paris, Fischbacher, 1879. — *Journal de Faurin*, p. 12ᵉ. Grand
in-8, Montpellier, 1878.
(4) Charbonneau, *Journal*, pp. 18, 21, 22, 23, 31, 40, 41, 44.
(5) D'Aubigné, *Hist. univ.*, tom. I, c. 214. In-folio, 1626.
(6) Ce ministre qui ne figure point dans *La France protestante*,
m'est inconnu. Il n'appartenait pas à la famille des Baschi, puisque
Louis, fils de Balthasar de Baschi, et souche de la branche qui prit
le nom d'Aubaïs, est né le 12 octobre 1595. *La France protestante*, I,
915. Ed. Bordier.
(7) *Journal*, p. 18.
(8) *Ibid.*, p. 27.

et sans doute l'exhorter pendant sa dernière maladie (1).
Du reste, vers la fin d'août 1585, « se tint une assemblée
a Pézenas, ou M. le Duc étoit, par les deputés de toutes les
Eglises reformées du Languedoc ; et c'etait pour donner
ordre aux affaires de la guerre, touchant les finances,
payement et entretenement de la gendarmerie. Toutes
les compagnies, tant d'un parti que d'autre, prenoint
commission et commandement de M. le Duc (2). » On ne
comprendrait pas qu'à Béziers, située seulement à quatre
lieues de Pézenas, et à un moment où catholiques et
huguenots s'unissaient dans le bas Languedoc contre la
Ligue, ceux-ci manquassent de liberté.

Quelques-uns y jouissaient, de plus, de hautes influences.
La cour du présidial comptait des conseillers huguenots.
« Le dixieme de ce mois (mars 1583), écrit Charbonneau,
deceda M. Geraut Martin, conseiller à la cour presidiale,
homme de grand savoir et juge fort équitable. Il faisoit
profession de la religion reformée, et fut enseveli sans
nulle pompe, au lieu ou l'on enterre ceux de la Religion (3). » Ils devaient sièger au présidial en assez grand
nombre, puisque, après le refus de Montmorenci de publier l'édit d'Henri III, ceux de la Cour qui étaient catholiques crurent devoir jurer l'édit « un lundi, qui n'est pas
jour d'audience (4). » Enfin ceux-ci se virent bien humiliés
par la condamnation à mort de Jean Dauson, juge-mage,
qui d'accord avec l'évêque Thomas de Bonsi, avait entre-
pris de soustraire la ville au commandement du duc (5).
Cette affaire, dans laquelle Thomas de Bonsi s'était si gra-
vement compromis, réduisit à l'impuissance les catholiques,
du moins pour un temps, et tourna à bien pour les Huguenots, qui avaient tout intérêt à servir le gouverneur.

Enfin, les Huguenots donnaient des preuves de sérieuse

(1) *Journal*, p. 27.
(2) *Ibid.*, p. 50.
(3) *Ibid.*, p. 12.
(4) *Journal*, p. 49.
(5) Sabatier, *Histoire de la ville et des évêques de Béziers*, p. 346-350.
In-8, Béziers et Paris, 1854. — Cf. p. 547, not. 1.

fidélité à leur religion : ainsi la femme du médecin André Amatty (1), qui faisait appeler Charbonneau auprès de son mari, et ce soldat que celui-ci exhorta jusqu'au supplice (2), et cet autre condamné qui résista aux prédications d'un moine (3), etc.

Béziers venait même de fournir à la religion réformée une importante recrue dans la personne de Jean Gigort, d'une famille honorable et considérée de la ville. « En ce mois (décembre 1584), dit Charbonneau, vint de Genève des etudes Jean Gigort, fils de Mre André Gigort, notaire de cette ville, lequel Jean Gigort, âgé de vingt ans, fut receu au ministere de la parolle de Dieu au lieu de Pignan (4) près Montpellier, en colloque. Ledit Gigort commença à precher au lieu de Florensac (5), ou l'on esperait un beau fruit de lui a l'avenir (6) ».

Telle était la situation des Huguenots à Béziers en 1586. Nombreux et puissants en 1551 déjà (7), ils en avaient chassé les catholiques en 1562 (8). Chassés à leur tour, ils y étaient rentrés neuf ans plus tard, et maintenant sous le gouvernement du duc de Montmorenci, ils pouvaient se promettre la sécurité la plus entière, gage d'un long avenir.

Le duc cependant, très antiligueur, prétendait rester catholique. Son entrevue avec le roi de Navarre, à Castres, avait, dans l'esprit de bien des gens, jeté du soupçon sur sa foi. Mais il n'avait pas attendu la calomnie pour donner des preuves de sa religion. Chose bien digne de remarque, c'est par ses soins que les Capucins, si dévoués à la Ligue, s'établirent à Béziers. « Il est a notter, écrit Charbonneau au mois d'août 1584, il est à notter que depuis un an, ou

---

(1) *Journal*, p. 27.
(2) *Ibid.*, p. 46.
(3) *Ibid.*, p. 28. Cf. p. 13, 20.
(4) Hérault.
(5) Hérault.
(6) *Journal*, p. 39.
(7) *Hist. génér. de Languedoc*, tom. V, p. 171. Ed. orig.
(8) *Ibid.*, p. 231.

environ, ils s'etoint logez en cette ville, sous la faveur de
M. le Duc, certaine troupe de capucins, venus d'Italie; et
furent premierement mis à la maison de Tindel, bien
que mondit sieur cherchat lieu propre dans la ville pour
les accommoder, n'aiant autre rente que les aumones qu'ils
pouvoint amasser par la ville (1). » Au mois de décembre
de cette même année, il écrit encore : « Nous avons dit cy
devant que quelques capucins s'etoint logés en cette ville,
sous la faveur de M. le Duc. En ces jours cy, mondit seigneur leur acheta une maison, pour eux loger er y faire
temple, assise au bourg St-Jacques : souloit appartenir
a Raymond Margeal de cette ville; de la quelle maison
mondit sieur donna, paya comptant la somme de neuf cens
cinquante livres (2). » Enfin, sous la date de juin 1586, il dit :
« Les capucins que mondit sieur avoit fait habiter en cette
ville depuis un an ou deux, et auxquels mondit sieur avoit
acheté une maison au bourg de St-Jacques, achetent
quelque place, ou ce mois ci ils commencent à batir un
temple (3) ».

A cette date, les Capucins, bien que nouvellement venus
dans le Languedoc, n'étaient pas sans renommée à Béziers.
Tout à l'heure nous avons dit, après le P. Gabriel de Saint-
Nazaire, que le P. Ange Bresson y prêchait avec grand
succès. Ce père ne débutait pas alors dans la chaire. Une
des forces des Capucins, à leur origine, ce furent les re-
crues qui leur vinrent des autres ordres, de chez les cordeliers notamment. Cordelier auparavant, celui-ci avait
porté le nom de P. Mathieu Bresson. Plus connu sous le
nom de Bresson, il le garda une fois capucin; au lieu d'être
appelé alors du nom de son lieu d'origine, il conserva son
nom ancien : tout à l'heure le P. Gabriel de Saint-Nazaire
l'appelait « le P. Ange de Bresson »; maintenant Louis
Charbonneau va l'appeler « frere Ange de Rodez (4) ». Car

(1) *Journal*, p. 31.
(2) *Ibid.*, p. 39.
(3) *Journal*, p. 70.
(4) *Ibid.*, p. 70.

il ne me paraît pas douteux que ces deux noms désignent le même personnage : le P. Gabriel de Saint-Nazaire et Louis Charbonneau s'accordent à dire qu'en 1585 un capucin prêcha à Béziers avec succès : pour le premier, c'est le P. Ange Bresson ; pour le second, c'est le frère Ange de Rodez. Or, Louis Charbonneau écrit : « Il y avoit un capucin, s'y disant frere Ange, de Rodès, lequel prechoit en cette ville, et y avoit preche durant ce carême dernier, avec lequel j'eus une grande dispute, tant en presence que par ecrit, laquelle j'ay mis en lumière tout au long, que je pretends inserer a la fin de ce present volume, Dieu aidant (1). » Malheureusement, l'exposé de cette dispute ne nous est pas parvenu, ou, du moins, a jusqu'ici échappé aux bibliographes. C'est au mois de juin 1586 qu'elle eut lieu. On ne nous dit pas si elle fut publique. Elle eut un double caractère puisqu'elle se fit « tant en présence que par écrit ». Nous ignorons si le P. Ange, à son tour, la raconta. Il mourut cinq ans après, en 1591, à Toulouse. Les historiens de l'Ordre ont gardé le silence sur cette dispute : et, d'après son bibliographe, il ne laissa que deux sermons sur la sainte Vierge, « imprimés en langue françoise », livre introuvable aujourd'hui (2). Manquer de détails sur cette « dispute », c'est sans doute une lacune fort regrettable. La situation respective des Huguenots et des Capucins dans la ville, à cette date, lui donne de l'importance. Encore quelques années et les Capucins seront mêlés à toutes les grandes controverses.

§ III. *Les Capucins se déclarent pour la Ligue.*

A la fin de la Ligue et pendant tout le règne d'Henri IV la lutte entre les Capucins et les Huguenots fut, dans le Languedoc, moins vive et surtout moins directe que sous le règne de Louis XIII. Elle eut plutôt tous les caractères

(1) *Journal*, p. 70.
(2) Si quelqu'un de mes lecteurs le connaît, il m'obligera beaucoup de me signaler l'endroit où il se trouve.

d'une lutte politique, en vue d'écarter de la religion un grave
danger. Sans confondre la cause de la foi avec la cause de la
Ligue, les Capucins partagèrent toutes les craintes et passèrent par toutes les angoisses que le crédit tous les jours
grandissant des Huguenots et l'avènement d'Henri de
Bourbon au trône de France faisaient naître : un prince
protestant sur le trône, ç'était la fin de la religion catholique en France. On vit donc les Capucins s'attaquer
vivement dans tout le Languedoc aux catholiques qui ne
soutenaient pas la Ligue, si considérables fussent-ils.
Ainsi, ils devaient beaucoup à Henri de Montmorenci, l'un
des principaux parmi les *politiques,* comme on appelait
alors les catholiques mécontents ou clairvoyants qui sui-
vaient le parti du roi de Navarre. Henri de Montmorenci
les aimait, les écoutait même, et c'est dans leur couvent
de Notre-Dame-du-Grau, près d'Agde (Hérault), qu'il devait
élire sa sépulture. Cependant ils ne cessaient de poursuivre
de leurs invectives, même du haut de la chaire, ces catho-
ques ambitieux qui compromettaient, en la privant de leur
appui, la cause de la foi ; ils les appelaient « politiques, bi-
garrez, et autres noms odieux ». Sous ce rapport Paris
n'avait rien à envier à la province (1). Jusqu'à la réconciliation officielle d'Henri IV avec le Saint-Siège, ils eurent certainement plus affaire avec eux qu'avec les Huguenots. Le cas
du P. David de Castelnaudary qui, pendant le carême
de 1590, fut pris par des voleurs huguenots entre Baziège
et Villenouvelle (2), fut absolument isolé, sans rapport avec
les luttes religieuses et, du reste, possible en tout temps (3).

(1) C. Labitte, *De la démocratie chez les prédicateurs de la Ligue.*
In-8, Paris, 1841.
(2) Haute-Garonne.
(3) « Les religieux couroint de grands dangers dans leurs voyages,
non seulement à cause de la peste qui se découvroit tantôt dans un
endroit tantôt dans un autre, mais encore à cause des guerres civiles
qui estoint entre les catholiques, les politiques et les Huguenots, et
que ces derniers estoint ennemis déclarés des religieux. Le P. David
de Castelnaudari, accompagné du Fr. Joseph de Marseille, jeune clerc,
alloit à Villefranche de Lauragois pour confesser le P. Bernardin de
Bordeaux qui y preschoit le carême. Il tomba entre les mains des

Le fait qui domine alors et explique l'histoire des Capucins du Languedoc, c'est leur adhésion nette, ouverte, entière à la Ligue, des principes de laquelle ils s'inspirent, qu'ils défendent, qu'ils servent. L'un des leurs, le P. Ange de Joyeuse, après la mort de son frère le maréchal, qui se noya dans le Tarn (1592), quitta le couvent d'Arles, dont il était le gardien, pour prendre le commandement de l'armée des ligueurs (1). Il s'y résolut malgré lui, pour

voleurs huguenots, entre Baziège et Villenouvelle. Ces brigans prinrent ces deux pauvres religieux, et les menèrent avec eux toute la nuit par les hameaux et métairies qu'ils pilloint en leur présence, en faisant une infinité d'insolences ; ils les chargeoint de coups et leur faisoint porter leurs larcins ; et mesme ils les dépouillèrent; disant qu'ils les vouloint pendre avec leurs propres cordes. Ils n'exécutèrent pas toutesfois ce cruel dessein, car sans doutte ils les reservoint pour les faire longtemps souffrir et ils les menoint après leur avoir remis leurs habits. Mais le matin, passant prez du chateau de Monsieur de Maureville pour lors politique, il les aperceut et il pressa tant ces voleurs de luy laisser ces deux religieux qu'ils les luy laissèrent. Il les retint dans son chateau pour s'en servir la Semaine Sainte et les festes de Pasques ; et il les traitta fort charitablement, après quoy, il les fit conduire au couvent du Tolose où le P. David, à cause de la peur et de la fatigue que ces voleurs luy avoint fait prendre, tomba malade d'un grand crachement de sang qui se degenera en ptisie, de laquelle il moureut saintement quelque temps après. » *Rec. chronol.*, pag. 23.

(1) A l'année 1592, le P. Gabriel de Saint-Nazaire écrit : « Les guerres civiles estoint plus eschauffées que jamais, et le parti huguenot estoit fort insolent et faisoit un grand progrez. C'estoit en cette année que M. le maréchal duc de Joyeuse assiegeoit Villemur, petite ville le long de la rivière de Tarn. La résistance des assiégés donna le temps à l'armée de Monsr le conestable de Montmorenci, commandée par le comte de Rastignac, de venir secourir la place. Le duc feut contraint de lever le siège et de se retirer avec précipitation ; et malheureusement en passant la rivière du Tarn, il s'y noya. Cette perte mit dans une extrême consternation les catholiques et tout le païs qui le reconnoissoit pour son gouverneur. Ils se voyoint sans aucun chef qui eut assez de naissance et de crédit pour les gouverner et les deffendre ; et ils aprehendoint avec raison d'estre exposez à la fureur des Huguenots et à la vengeance du conestable, qu'ils n'avoint jamais voulu reconoitre. Il ne restoit de males de l'illustre maison de Joyeuse que le P. Ange qui avoit pris l'habit de capucin après la mort de sa femme, et qui estoit alors gardien du couvent d'Arles en Provence, et François, cardinal de Joyeuse et archevesque de Tolose, auquel on avoit déféré le gouvernement qui vacoit par la mort de son frère. » *Rec. chronol.*, pag. 26.

obéir aux ordres de ses supérieurs. Tout le monde fut d'accord, supérieurs, théologiens (1), magistrats, etc., pour l'obliger à prendre le gouvernement. Il était venu à Toulouse pour voir sa famille, et il n'avait été fait gardien du couvent d'Arles qu'après avoir été expulsé de Paris par un ordre du Parlement dont il avait repoussé les huissiers qui voulaient s'emparer de la personne d'un de ses confrères. Il n'accepta le gouvernement qu'à la condition qu'un exprès serait immédiatement envoyé au pape pour requérir son agrément. Le pape le donna en deux brefs. Les Capucins du Languedoc furent heureux et fiers de cet événement. « Il n'y avoit dans le royaume personne aussi propre que lui pour en porter tout le faix et à qui l'on feut plus disposé d'obéir (2). » Assurément, le P. Ange de Joyeuse dut à son passé, à son nom et à ses talents, bien plutôt qu'à sa robe, d'être choisi pour commander la Ligue dans le Languedoc ; sa situation personnelle fit tout ici. Mais il ne fut pas le seul à jouer un rôle actif dans la Ligue. Dès 1589, « quelques-uns des religieux de cette province (d'Aquitaine) se mesloint des affaires d'estat, et s'intrigoint dans les troubles de guerres civilles qui déchiroint en ce temps les entrailles du Royaume au sujet du Roy Henri 4 qui estoit huguenot. Quelques uns estoint allez vers le Duc du Maine, chef de la Ligue, et vers le Roy d'Espagne, y estant envoyez par Monsr le mareschal de Joyeuse et par M^rs de l'assemblée des Estats du Languedoc (3). » Sans doute, le P. Jérôme de la Marche d'Ancône, commissaire, c'est-à-dire visiteur, des couvents du Languedoc, trouva cette conduite des Capucins fort mauvaise, digne de blâme, condamnable. « Mais, à cause de l'authorité de ces puissances, il ne peut donner d'autre remède à cet abus que par de véhémentes exhortations (4). » Apparemment,

(1) *Rec. chronol.*, pag. 26, pag. 27. Parmi ces théologiens, nous trouvons en première ligne le P. Loyer, jésuite, et « un professeur augustin portugais ».
(2) Ibid., pag. 27, pag. 28.
(3) Ibid., pag. 21.
(4) Ibid., pag. 21.

ces « véhémentes exhortations » ne produisirent qu'un
médiocre effet ; et si la plupart des Capucins, obligés de
vivre et d'exercer le ministère évangélique dans une
province soumise en partie à la Ligue et en partie au
Roi (1), prenaient, il faut le croire, « tous les soins possi-
bles pour ne faire conoitre aucun esprit de partialité dans
dans les guerres civilles (2) », on peut penser que plusieurs,
la plupart peut-être, ne résistaient pas à la tentation pieuse
de servir la Ligue. Le motif était plausible ; il dut paraître
clair et pressant, puisque Henri IV resta, jusqu'à sa réconciliation avec Clément VIII, sous le coup de l'excommu-
nication fulminée contre lui par Sixte-Quint. Ces considé-
rations les tinrent tous à l'écart des « bigarrés », des « politiques » ; ils entrèrent même en lutte ouverte avec eux,
quand ils opposèrent, comme du reste les Capucins de
Paris et de Lyon (3), le refus le plus opiniâtre à l'invitation,
aux ordres du Parlement de prier publiquement pour le
roi, non réconcilié encore avec Rome ; et c'est ici que l'épisode le plus curieux, caractéristique de cette lutte, trouve
naturellement sa place. Elle s'engage entre le Parlement et
les Capucins ; et bien que cet épisode doive prendre des
proportions qui dépassent le cadre de ce travail, je n'hésite
pas à le raconter. Aucun historien, ni D. Vaissète (4), ni le
P. Lombard (5), ni M. Dubédat (6) ne l'ont connu.

§ IV. *Le Parlement siégeant à Béziers et les Capucins.*

Je n'ai pas ici à exposer les incidents à la suite desquels
Duranti, premier président du Parlement de Toulouse, à un
moment où « il n'étoit plus permis de paroitre modéré, de

(1) « Le haut Languedoc jusques à Narbonne estoit du parti de la
Ligue, et le bas despuis Besiers obeissoit au Roy. » P. Gabriel de
Saint-Nazaire. *Rec. chronol.*, pag. 9.
(2) Ibid., pag. 29.
(3) De Thou, *Histoire*, tom. XII, pag. 151.
(4) *Histoire générale de Languedoc.*
(5) *Histoire du Parlement de Toulouse.* Voy. la suite, not. 1.
(6) *Histoire du Parlement de Toulouse*, 2 vol. in-8°. Paris, Rous-
seau, 1885.

peur de passer pour indifférent en matière de religion (1) »,
fut, le 10 février 1589, forcé de quitter la salle des délibérations, assailli à coups de pierres dans sa voiture et dans la
nuit assassiné aux Jacobins (2). Le roi Henri III, frappé
lui-même par Jacques Clément, succomba quelque temps
après. L'avènement d'Henri IV, dont le règne devait être
un règne réparateur, ne fit d'abord qu'augmenter le trouble, du moins à Toulouse. Le 22 août 1589, le Parlement
rendait un arrêt « faisant défenses à tous princes, prélats,
seigneurs et autres de quelque rang et condition qu'ils fus-
sent, de reconnaître pour roi Henri de Bourbon, prétendu
roi de Navarre, et de le favoriser, à peine d'être punis de
mort comme hérétiques ». Le Parlement « se déclara li-

(1) P. Lombard, *Histoire du Parlement de Toulouse*, tom. II, page
649. Manuscrit de la Bibliothèque de la Cour d'appel de Toulouse.
M. Lapierre a établi, je crois, que le P. Lombard, jésuite, est l'auteur
de cette histoire du Parlement. *Simple note sur une hist. manus. du
Parlement de Toulouse*, dans le *Recueil de l'Académie de législation de
Toulouse*, tom. XXVI, pag. 85-89. Le manuscrit de la Cour d'appel
de Toulouse est la copie du manuscrit 8660 F R de la Biblioth.
Nation.

(2) *Histoire véritable de ce qui s'est passé à Tholose en la mort du
président Duranti*. Toulouse, 1861. — M. AMILHAU, *Nos premiers
Présidents*, pag. 209-211.
Je lis dans *la Ligue et les Papes* de M. de l'Epinois, p. 299 : « A
Toulouse où le conseil de ville décida que « l'association serait ra-
« fréchye », la faculté de théologie de l'Université, donnant le signal
de la rébellion, déclara qu'il était permis de prendre les armes contre
Henri III (Arch. du Vatican, *Gallia sub Sixto V*, t. II, f° 334). Le
lendemain, 10 février, la foule, traduisant en acte la décision prise,
massacra le Président du Parlement Duranti et l'avocat-général
Daffis « tués pour être du parti du Roi, le nom duquel les Tolozans
avaient en telle horreur qu'en place publique ils pendirent à une potence l'effigie de Sa Majesté. » (*Mémoires-Journaux*, p. P. de l'Es-
toille, t. III, p. 261). « Nous préférons perdre la vie plutôt que la
Foi, écrivirent alors les membres du clergé diocésain, nous ne sup-
portons pas davantage un Roi fauteur d'hérésie et nous recourons au
Pape comme à une ancre sacrée en le priant de venir en aide à Paris,
la tête de ce royaume. » (Arch. du Vatican, *Gallia*, t. I, f° 165). Les
capitouls, en effet, supplièrent Sixte V de « prendre en main la cause
de la République chrétienne... Le royaume, nous l'espérons, sera
bientôt enlevé au Roi pour être donné au meilleur ; et l'élu remettra
alors en son ancienne splendeur la majesté abaissée de la République
chrétienne. » (Arch. du Vatican, *Gallia*, t. I, f° 164.)

gueur à force de craindre de n'être point catholique (1) ».
Mais l'un de ses membres les plus en vue, Pierre Sabatier
de la Bourgade, alla « se jetter entre les bras du duc de
Montmorenci, gouverneur de Languedoc; et sa retraite à
Carcassonne, ville que le vicomte de Mirepoix avoit con-
servée au Roy, produisit un évènement dont la Ligue fut
extrémement mortifiée (2). » Le roi, en effet, transféra le
Parlement à Carcassonne; il s'ouvrit, le 13 novembre 1589
(3), sous la présidence de Sabatier de la Bourgade. Le 14
décembre 1591, Carcassonne étant tombée au pouvoir de la
Ligue, Montmorenci transféra le Parlement à Béziers.
« Et afin d'opposer au Parlement de Toulouse une cour
plus majestueuse, le Roy tira des autres cours souveraines
des présidents et des conseillers pour y prendre séance.
L'entrée dans une charge y fut constamment fermée à ceux
des religionnaires qui avoient obtenu ou surpris des provisions d'un office. Un jeune homme de Nîmes s'étoit présenté avec les provisions d'une charge de conseiller, il fut
obligé de faire une abjuration publique du Calvinisme; et
parce qu'il refusa ensuite de consentir à perdre sa charge,
supposé qu'il revînt à l'hérésie, la Compagnie le renvoya.
Le conseiller Beloy y vint exercer les fonctions d'avocat
général, et Pierre d'Auxerre, maître des requêtes, occuper
la première place, après avoir reçu de grands honneurs à
son passage par les villes calvinistes de Nîmes et de Montpellier (4). »
Voilà le parlement avec lequel les Capucins allaient entrer
en lutte. Les renseignements me manquent sur Pierre
d'Auxerre, son premier Président. Il paraît avoir été un
catholique convaincu. Mais appartenant au parti des « poli-

---

(1) P. Lombard, *Histoire du Parlement*, t. II, p. 646.
(2) P. Lombard, *Histoire du Parlement*, tom. III, pag. 11.
(3) Ibid., pag. 13.
(4) P. Lombard, ibid., pag. 82-83. — « Le Roy feit dresser ung nouveau Parlement pour la province de Languedoc en la ville de Besiers,
composé de quelques présidens et conseilliers réfugiés des villes qui
tenoient pour la Ligue, entre lesquels estoit Monsr de la Bourgade de
Tolouse président, Monsr Belloy, advocat du Roy. Le premier Président estoit Monsr d'Auxerre, Lionois. » *Memorabilia*, f° 13.

tiques », tout dévoué à Henri IV, il arrivait à Béziers disposé à faire triompher sa cause.

Vieil ami d'Henri IV, auteur de l'*Apologie catholique* parue en 1585 et de plusieurs autres ouvrages où il soutenait que les droits du roi de Navarre au trône de France étaient indépendants de sa religion, martyr de cette idée, puisque les Guise le firent enfermer à la Conciergerie d'abord, puis à la Bastille, pour l'avoir soutenue, Pierre de Belloy, avocat général, avait plus à cœur encore de faire les affaires du roi, qu'il avait eu déjà l'honneur de servir (1). Tous les conseillers, sans exception, étaient également dévoués à Henri IV. A la date de la fixation du parlement à Béziers, le roi avait fait son abjuration à Saint-Denis : Renaud de Beaune, archevêque de Bourges, lui avait, de sa propre autorité, donné l'absolution, en présence d'un certain nombre de prélats. Le Saint-Siège, qui s'est toujours

(1) En février 1589, le roi écrivait au cardinal de Joyeuse, alors à Rome : « Le sieur Belloy n'est encore de retour de son voyage de Languedoc, et suis toujours attendant la réponse, qu'il me rapportera de ce côté-là. » *Lettres du cardinal d'Ossat,* tom. I, pag 225. — Il est douteux que Pierre de Belloy ait pu alors entreprendre le voyage de Languedoc. Le 16 janvier 1589, un mois avant, le capitaine Olivier, accompagné d'une centaine de gardes, l'épée nue d'une main, le pistolet de l'autre, était venu présenter au président Achille de Harlay une requête des habitants de Paris, demandant la mort de l'hérétique du Belloy « principal auteur de toutes les séditions du royaume. » Du Belloy aurait été lapidé par le peuple pendant qu'on le conduisait à la Bastille, si un P. Jésuite ne l'eût sauvé en disant que c'était un homme érudit, « di gran lettere », et en donnant espoir de le convertir. (Arch. du Vatican [*Lettere*], t. XXIV, f° 713; 30 janvier 1589. M. de l'Epinois, *la Ligue et les Papes,* p. 287, not. 3.) — Le P. Lombard fournit, sous l'année 1595, ces autres renseignements peu connus : « Cette réunion ne procura pas sitôt l'acquisition du célèbre Belloy, qu'il plut à d'anciens Ligueurs d'accuser d'hérésie, parce qu'il avait rendu à César ce qui appartient à César. Poursuivi par le duc de Joyeuse qui tâcha même, à la paix, de l'exclure du Parlement, attaqué par une calomnie du parlement de Béziers et justifié par un arrêt du conseil, Belloy ne reprit les fonctions d'avocat général au parlement de Toulouse que le treize juillet 1600. » *Op. cit.,* III, 123, 123. Voy. la notice de P. de Beloy par Bénech, dans *Biographie de Tarn-et-Garonne,* pub. par Forestié Neveu, p. 105-146. In 8, Montauban, 1860. — *Ephémérides montalbanaises,* pp. 64, 271, par Forestié Neveu. In-8°, Montauban, 1882.

réservé les causes des princes, allait demander à confirmer
cette absolution, et se refuser à communiquer avec le roi
jusqu'à sa réconciliation entière, publique, officielle. Les
membres du parlement de Béziers, cependant, « se voulans
montrer zelans et affectueux de l'honneur et salut du Roy (1) »,
n'attendirent pas cette réconciliation. A peine arrivé, Pierre
d'Auxerre rendit un arrêt par lequel il était ordonné « à tous
les ecclésiastiques, tant séculiers que réguliers, de prier Dieu
pour le Roy dans les prières publiques ; car le Roy s'estoit
converti et avoit esté receu au giron de l'Esglise (2). »

L'arrêt fut signifié au clergé de la ville, tant régulier que
séculier, mais avec des ménagements et toute sorte de
précautions. A la vérité, ces précautions n'étaient nullement
nécessaires : « tous les autres se laissèrent aisément persuader » ; les Capucins seuls refusèrent d'obéir à l'arrêt ;
leur conscience chrétienne leur défendait, dirent-ils, de
prier publiquement pour le roi, tant qu'il n'avait pas reçu
l'absolution du pape. Ainsi, précédemment, les Capucins de
Paris avaient refusé de célébrer la messe devant Henri III,
qui n'avait pas reçu l'absolution de la mort du cardinal de
Guise.

La lutte était ouverte ; à partir de ce moment jusqu'à la
fin, elle fut extrêmement vive ; et, pour tomber parfois dans
le grotesque ou le comique, elle ne perdit rien de son
acuité première, au contraire. Le P. Gabriel de Saint-
Nazaire ne présente pas Pierre d'Auxerre sous un jour
favorable, bien s'en faut. Pour lui, c'était un homme fier et
sévère, et les Capucins, sous la pénible impression « des
moyens forts et violents » qu'il employa « pour les soumettre (3) », ne se firent pas faute de le honnir, comme un

(1) *Memorabilia*, f° 13.
(2) *Rec. chronol.*, pag. 29. L'auteur des *Memorabilia*, pag. 14, affirme
que Pierre d'Auxerre avait enjoint aux Capucins de prier pour le roi
« et en particulier et publiquement ». L'auteur de l'*Histoire du Parlement* affirmait que les « registres de ce tribunal » s'étaient perdus.
Les archives du Parlement de Toulouse possèdent quelques-uns de
ses arrêts. Mais les arrêts relatifs aux prières à dire pour le roi ne
nous sont pas parvenus, ou du moins n'ont pas été retrouvés.
(3) *Rec. chronol.*, pag. 29.

homme sans religion qui avait rendu « plus de respect au
nom du Roy qu'à celuy de Jésus-Christ (1) ». Pierre
d'Auxerre ne comprit rien aux motifs de refus allégués par
les Capucins. Il agit avec vigueur et ténacité : je n'oserais
pas affirmer qu'il ait gardé toute la modération de langage
qui convenait à sa dignité et que les religieux avaient le
droit d'attendre de lui. Peut-être, à la vérité, les Capucins
le provoquèrent-ils, car « ils disoient librement à tous ceux
qui leur en parloient qu'ils n'en feroient rien que le Pape
ne l'eut (le Roi) absous (2) ».

Le P. François de Santo Stefano (3), gardien du couvent, fut donc, sur son refus de prier publiquement pour
le roi, cité en pleine audience.

Le premier Président et l'Avocat général « luy firent une
longue remontrance et une forte réprimande dans laquelle
ils perdirent le respect dû à son caractère et à son habit (4) ».

Le Père gardien leur répondit avec force et dignité
« qu'il s'estonnoit fort de leur procédé ; que, n'ayant aucune
authorité ni sur luy ni sur ses religieux en ce qui concerne
les prières et autres choses spirituelles, ils vouleussent
user d'un pouvoir que Dieu ne leur avoit pas donné ; que
nous avions nos supérieurs dans l'ordre ; qu'à leur deffaut,
nous avions les Prélats de l'Esglise ; et qu'enfin nous
estions par nostre estat immédiatement soumis au souve-
rain Pontife, auquel nous ne pouvions refuser d'obéir sans
péché (5) ».

Cette réponse inattendue rendit furieux le premier Président qui, comme il arrive toujours dans de semblables
circonstances, passa aux menaces ; il parla d'expulsion,
d'exil et même de potence, ajoutant avec une suprême

---

(1) *Rec. chronol.*, pag. 38.
(2) *Memorabilia*, f° 13.
(3) Ce religieux remplit dans son ordre des fonctions importantes :
définiteur en 1590, en 1593 et en 1595 ; gardien du couvent de Narbonne en 1593. *Recueil chronol.*, pag. 22, 32, 41, 31. Il était originaire de Santo Stefano en Italie, que le P. Gabriel a toujours traduit
par Saint-Étienne.
(4) *Rec. chronol.*, pag. 29.
(5) *Ibid.*, pag. 29.

inconvenance « qu'il en fairoit autant à St François, s'il estoit en ce monde et qu'il eut les mesmes sentimens (1) ».

Le P. François de Santo Stefano répondit avec un grand calme : « Avant de faire contre nostre conscience, nous sommes prets non seulement à sortir de la province et du Royaume, mais à respandre tout le sang qui coule dans nos veines (2) ».

Le premier Président, s'échauffant, « d'un ton d'emportement luy dit qu'ils se resoleussent d'obéir ou de quitter la ville ce mesme jour (3) ».

Les Capucins n'obéirent point et ne quittèrent point la ville.

On était alors aux derniers mois de l'année 1592. La situation resta la même pendant les premiers de l'année suivante : de part et d'autre, on se regardait et on attendait. Quand la contestation entre le P. François de Santo Stefano et le président Pierre d'Auxerre se produisit, le provincial, le P. Grégoire Dalla Badia (4), se trouvait à Rome pour le chapitre général. L'espoir de son prochain retour et d'un désaveu de la conduite du gardien calma peut-être le premier Président; il ne donna point de suite à ses menaces. Le gardien n'attendit ni avec moins d'impatience ni avec moins de confiance le retour de son supérieur, qui connaissait très bien la situation des Capucins de Béziers, dont il avait été le gardien trois ans de suite (5), et qui ne pouvait manquer de les soutenir, pensait-il. Enfin il arriva, et c'est à Agde qu'il apprit les événements de Béziers, d'un caractère si délicat, puisque la sincérité de la conversion d'Henri IV commençait à ne faire doute pour personne, excepté pour les ligueurs à outrance. On imagine son embarras : « il falloit se brouiller ou avec la cour de France ou avec la cour de Rome. » Il jugea « qu'il valoit mieux

(1) *Rec. chronol.*, pag. 38.
(2) *Ibid.*, pag. 29.
(3) *Ibid.*, pag. 30.
(4) C'était un Italien. Le P. Gabriel l'appelle le P. Grégoire de Labadie.
(5) En 1588, 1589 et 1590. *Ibid.*, pag. 18, 20, 22.

dissimuler ». Il ne s'arrêta donc pas à Béziers, où le P. François de Santo Stefano l'attendait ; il se rendit directement à Narbonne. Mais que l'on juge de la surprise, de l'émotion et des inquiétudes du gardien à cette nouvelle ; soit qu'il vît dans cette fuite inattendue de son supérieur un désaveu de sa conduite, soit qu'il crût avoir droit à être appuyé et besoin d'être soutenu, il prit une résolution extrême. Le P. François de Lyon étant malade, il le laissa au couvent avec un frère pour le soigner ; il envoya tous les autres religieux à Narbonne, où la Ligue dominait et où les conseils du duc de Joyeuse l'attiraient. « Par l'entremise de Monsr Juliard, Theologal, [ils] furent logez à Saint-Jean près de Saint-Juste, église et maison de la Religion de Malte (1). »

Le départ des Capucins, loin de satisfaire le premier Président, l'irrita : il ordonna que le couvent resterait fermé. Ce départ ne plut, du reste, à personne, si ce n'est aux ligueurs du haut Languedoc et aux Huguenots. Les principaux bourgeois de Béziers y virent une imprudence ; et afin d'en prévenir les effets, ils allèrent sans retard trouver le provincial. Il faut noter les raisons qu'ils firent valoir pour obtenir de lui le retour des religieux à Béziers. « Ils dirent que cette retraite donnoit un grand avantage aux Huguenots qui estoint les ennemis déclarez des religieux ; qu'il ne falloit pas prendre des résolutions de cette nature si vite et sans consulter ses amis ; que les choses auroint peu s'accorder avec la patience, et que le temps change toutes choses (2). » Henri de Montmorenci, à son tour, fut par cette fuite précipitée blessé dans ses sentiments d'ami et de protecteur que les Capucins avaient semblé oublier ou méconnaître. C'est à sa générosité qu'ils devaient d'avoir le couvent de Notre-Dame du Grau, près d'Agde ; et c'est par son autorité que celui de Béziers avait été tout récemment fondé. Comment avaient-ils pu être amenés à le quitter sans lui rien dire ? Enfin l'évêque de la ville, Thomas

---

(1) *Memorabilia*, f° 14.
(2) *Rec. chronol.*, pag. 31. — *Memorabilia*, f° 14.

de Bonsi (1576-1596) (1), alors ami de Montmorenci, ne cacha point son déplaisir.

Ces plaintes unanimes émurent le Père provincial; il renvoya donc les religieux à leur couvent, et au mois d'octobre suivant, le Père général, en plein chapitre, « exhorta tous les Pères, et surtout le P. gardien de Bésiers, de se comporter avec prudence envers les personnes du royaume divisées en partis...; il trouva mauvais qu'on eut si facilement quitté le couvent de Bésiers, et avertit qu'à l'avenir on ne quittât pas de la sorte le couvent, *au grand préjudice des catholiques* (2) ».

Les Capucins rentrèrent donc au couvent, mais le litige ne cessa point avec leur retour; le Père provincial s'était abstenu de se prononcer, le gardien restait libre. Un moment, Montmorenci nourrit l'espoir de mettre un terme au conflit : il se rendit à Béziers; et comme dans toutes les entremises, il pensa y parvenir en donnant une satisfaction et au Président du parlement et aux Capucins. « Il gronda fort Monsieur le Premier Président. Mais, comme il estoit

---

(1) Thomas de Bonsi est le premier des six évêques de la famille de Bonsi, Thomas (cardinal), Jean, Dominique, Thomas II, Clément et Pierre (mort archevêque de Narbonne et cardinal), qui sans interruption ont gouverné l'Eglise de Béziers, de 1573 à 1669. Il succéda à Julien de Médicis. La famille des Bonsi, issue de Florence, s'était alliée aux Médicis, aux Strozzi et aux Fiesque, comme cela résulte de la généalogie qui fut produite par les Bonsi dans le *Factum du procès pendant au privé Conseil pour le sieur Evesque de Beziers, tant de son chef que comme cessionnaire du sieur comte de Fiesque.*

Le sieur Thomas de Soderiny

1. Marie mariée au sieur Pierre François de Médicis.	1. Elisabeth, mariée au sieur Robert de Bonsy.	1. Argentine mariée au sieur Anthoine Canigiany.
2. Magdelaine de Médicis mariée au sieur Robert de Strossy.	2. Le sieur Dominique et messire de Bonsy evesque de Beziers.	2. Jean de Canigiany, messire Alexandre archevesque d'Aix et Thomas Canigiany frères.
3. Alphonsine de Strossy, mariée au sieur comte de Fiesque.	3. Messire Jean de Bonsy evesque de Beziers, fils du sieur Dominique, neveu et héritier de feu messire Thomas de Bonsy et cessionnaire du sieur comte de Fiesque.	3. Julien, fils de Jean, neveu et héritier des sieurs Alexandre et Thomas.
4. Messire François comte de Fiesque.		

Ce *Factum* imprimé est fort rare. Je dois de le connaître à une obligeante communication de M. J. de Malafosse.

(2) *Rec. chronol.*, pag. 34.

du parti du roy, il devoit se mesnager dans tout ce où le roy avoit quelque intheret. Il tascha de persuader aux religieux de se soumettre et de prier pour le roy (1). » L'intervention du gouverneur de la province ne modifia en rien la résolution et la conduite du gardien; du moins, elle ne fut pas inutile. Pierre d'Auxerre ne prit aucune nouvelle mesure, espérant sans doute, comme Montmorenci et l'évêque, que le Père général, le P. Silvestre de Monte Leone, dont la prochaine visite dans le Languedoc était annoncée, guérirait tout le mal, en brisant l'obstination du P. François de Santo Stefano.

Le Père général arriva, en effet, dans le Languedoc vers la fin de septembre ou les premiers jours d'octobre (1593); il allait à Carcassonne, ville appartenant aux ligueurs, où le chapitre était convoqué pour la fête des saints apôtres Simon et Jude. Tout le monde l'attendait comme le salut. A Pézenas, il vit le gouverneur; à Béziers, l'évêque, le Premier Président, l'Avocat général et ces « Messieurs du Parlement ». Tous lui demandèrent de faire prier pour le roi. A chacun il donna de bonnes paroles, promettant de tout arranger « en la meilleure manière qu'il seroit possible ». Probablement, il n'entendait pas « ce qu'il leur promettoit dans le sens qu'ils l'entendoint, les Italiens se réservant tousjours de donner à ce qu'ils promettent un sens qui leur soit comode (2) ». A ces traits plus d'un Français pourrait se reconnaître. Il n'est pas moins vrai que beaucoup prennent pour des promesses formelles ce qui favorise leurs désirs : Pierre d'Auxerre crut avoir gagné sa cause. Mais, au chapitre, le Père général se borna à blâmer le P. François de Santo Stefano de sa fuite précipitée; et il recommanda la prudence dans le langage. « Il s'appliqua seulement à considérer l'estat pitoyable où estoit ce pauvre Royaume et le danger où estoint les religieux à cause des guerres et des hérétiques, et il deffendit qu'on se chargeat de beaucoup de novices (3) ». Quant à l'affaire de

<hr>

(1) *Rec. chronol.*, pag. 31.
(2) *Ibid.*, pag. 35.
(3) *Ibid.*, pag. 34-35.

Béziers, il n'en dit mot. Au fond, il approuvait la résistance du P. François de Santo Stefano. Cependant, soit pour donner une sanction au blâme que celui-ci avait mérité pour avoir quitté le couvent avec ses religieux, soit pour ménager le Premier Président, et probablement pour ces deux motifs réunis, il le releva de sa charge et nomma à sa place le P. Simon de Rodez, qui devait, onze ans plus tard, mourir victime de son dévouement pour les pestiférés de Bordeaux (1), mais d'un caractère un peu étroit, avec lequel la lutte des Capucins et du parlement allait prendre un biais légèrement amusant.

Le voyage du Père général, loin de guérir le mal, l'aggrava tout d'abord, comme cela ne manque jamais d'arriver là où règne l'indécision. Après son départ, la situation devint plus difficile, presque intolérable pour les Capucins. Pierre d'Auxerre, interprétant au gré de ses désirs les bonnes paroles du Père général, demanda au nouveau gardien de prier publiquement pour le roi, disant que le Père général devait l'y avoir lui-même invité, selon qu'il le lui avait promis. Mais le P. Simon de Rodez nia formellement que « cela eut jamais été promis » ; et l'année 1594 se commença au milieu de l'agitation du parlement. Le Premier Président, non seulement se voyait déçu dans ses espérances les plus chères, mais encore il se regarda comme trompé. Il crut à une collusion du Père général et du gardien. Il eut donc recours à une mesure de rigueur. Il rendit un arrêt par lequel il fut défendu aux Capucins d'ouvrir les portes de leur église pendant les messes et les offices (2). Les Capucins ne vivaient que d'aumônes ; l'assistance aux offices de leur chapelle entretenait les sympathies de la population bitterroise et créait entre elle et eux un lien de charité. Pierre d'Auxerre espéra sans doute, par son arrêt, sinon tarir, du moins diminuer assez la source des aumônes pour les réduire à bref délai. La chapelle des

(1) Voyez sa notice dans mon travail ayant pour titre : *Le P. Polycarpe de Marciac, capucin.* Paris, Alph. Picard, 1884.
(2) *Rec. chronol.*, p. 35.

Capucins fut donc fermée ; mais l'effet attendu ne se produisit pas ; les aumônes, au lieu de diminuer, furent plus abondantes qu'auparavant ; la population tourna tout son mécontentement vers le Premier Président seul, malavisé, susceptible et quinteux. La chapelle resta fermée jusqu'au Jeudi Saint, 9 avril. Elle se rouvrit alors, et voici les incidents comiques auxquels cette réouverture donna lieu. Ils montrent dans Pierre d'Auxerre un esprit ou naïf ou inconsidéré, et dans le P. Simon de Rodez, un plaisant aimant à se moquer ou même à donner des leçons. Il manqua de dignité, ce semble. Le lecteur va en juger.

Quelques jours avant la semaine sainte, le gardien s'en vint trouver le Premier Président ; et « l'asseurant que le Vendredi Saint, que l'Eglise prie pour les excommuniez, les Capucins prieroint pour le roy (1) », il obtint de lui que la chapelle fût ouverte. Le Vendredi Saint fut donc un jour à la solennité duquel l'anniversaire de la mort du Sauveur du monde n'eut que la moindre part. Le premier Président, l'Avocat général et plusieurs de « Messieurs du Parlement » assistèrent aux offices des trois jours saints à la chapelle des Capucins, mais pour s'assurer par eux-mêmes si le gardien tenait la parole donnée. Le jeudi, l'oraison pour le roi ne fut point dite. Mais, le vendredi, le Père gardien qui tenait l'office, chanta l'oraison commune : *Pro Rege, Quæsumus, omnipotens Deus.* Les règles de la liturgie défendent de réciter cette oraison ce jour-là. Le Premier Président dut puiser dans cette circonstance, s'il la connut, une raison de croire que l'affaire était gagnée. Mais le lendemain, samedi, ni le surlendemain, dimanche de Pâques, l'oraison *Pro Rege* ne fut récitée. Dépeindre l'état de Pierre d'Auxerre serait difficile. Il se regarda avec amertume et dépit comme trompé pour la seconde fois. Le gardien essaya d'une explication ; il chercha même à s'excuser. En vain prétendit-il que, le Samedi Saint et le dimanche de Pâques, l'Eglise défend de réciter plus d'une oraison à la messe ; ce qui est, du

_____

(1) *Rec. chronol.*, pag. 36.

reste, parfaitement exact. Le Premier Président ne vit
dans cette explication qu'une mauvaise raison de clerc pris
en faute. « Il luy dit qu'il estoit un trompeur et qu'il s'estoit
moqué de luy ; qu'il avoit obtenu la permission d'ouvrir
l'esglise, sans doute pour faire montre de son monument ;
mais qu'il ne le tromperoit pas une autre fois (1). »

Il ordonna donc que la chapelle fût encore fermée. Les
procédés du P. Simon de Rodez justifiaient, ce semble,
cette mesure. Le P. Simon de Rodez avait manqué de tact,
à son tour, en demandant la réouverture de la chapelle au
prix de l'oraison pour le roi, au jour, le seul, où l'Eglise
prie pour les hérétiques ; soit, plus encore, en mettant du
caprice et presque de la gaminerie dans l'exécution de sa
promesse. Sa conduite excita les murmures des religieux
du couvent. Dans une plainte écrite, adressée au P. Grégoire Dalla Badia, provincial, ils dirent « qu'il étoit vray que
(le P. Gardien) avoit promis au Président de prier pour le
Roy, et qu'outre cela il avoit mal fait de dire, le Vendredi
Saint, l'oraison *Quæsumus*, qui n'est point marquée dans
le Missel (2) ». Ce que les Capucins ne disaient pas, dans
cette plainte, c'est qu'ils avaient failli être victimes de
l'imprudence de leur gardien. Pierre d'Auxerre, blessé,
pensa un moment à les chasser de la ville. Il ne tint pas
à lui qu'il n'exécutât ce dessein. Les Capucins ne durent
de rester à Béziers qu'à l'entremise gracieuse et puissante
du Président à mortier, M. de la Bourgade, et de l'Avocat
général, M. de Belloy (3), qui firent espérer à Pierre
d'Auxerre qu'ils se soumettraient bientôt à sa volonté.

Le Père provincial ne voulut pas cependant prendre sur
lui de donner la solution d'une affaire qui agitait toute la
province. Il convoqua extraordinairement le chapitre au
couvent de Carcassonne, pour le 29 avril, troisième vendredi après Pâques. Il n'y avait pas six mois que le dernier
chapitre s'était réuni.

(1) *Rec. chronol.*, pag. 36.
(2) *Ibid.*, pag. 36.
(3) *Ibid.*, pag. 36.

Pierre d'Auxerre, toujours attentif et indigné, semblait ne plus vouloir entretenir de relations avec les Capucins, qui s'étaient joués de lui. Ce furent, en effet, le Président à mortier et l'Avocat général qui exposèrent au chapitre les griefs du parlement; et, après avoir fait connaître leur intervention auprès de Pierre d'Auxerre, ils ne cachèrent pas qu'ils lui avaient donné la pleine assurance de leur prochaine soumission (1). Leur lettre était écrite d'un ton calme; ils croyaient certainement obtenir pleine satisfaction : car, d'une part, le roi persévérait dans la foi catholique; d'autre part, le clergé, tant régulier que séculier, se tournait de plus en plus vers lui; les Jésuites et les Capucins étaient les seuls à rester éloignés. Du reste, l'on pouvait se persuader déjà que la réconciliation du roi et du pape ne tarderait pas à se faire par la force des choses elle-même. D'autre part, la situation des Capucins de Béziers, que le bien de la religion retenait au couvent, selon le désir de leurs amis et l'avis des supérieurs, devenait de plus en plus pénible. Toutes les probabilités se réunissaient donc pour faire espérer une solution au gré de Pierre d'Auxerre.

Le chapitre cependant, par respect pour le Saint-Siège, — c'était là la contre-partie des raisons du Président à mortier, — se refusa à préjuger la réconciliation d'Henri IV. Toutefois, puisqu'elle était journellement annoncée, il jugea prudent de temporiser. Seulement, le gardien du couvent fut changé. Un Italien, le P. François d'Agosta, remplaça le P. Simon de Rodez. Le provincial fut également changé, mais ce changement n'eut aucun rapport avec les affaires de Béziers. Le P. Grégoire Dalla Badia, ayant fini sa troisième année, fut remplacée par le P. Emmanuel de Turin, bien connu dans le Languedoc.

Le nouveau gardien arriva à Béziers dans les premiers jours de mai. Aussitôt le parlement le pressa pour qu'il lui fît connaître la décision du chapitre. Il répondit « qu'on avoit escrit à Rome, aux supérieurs, pour scavoir sur cela la volonté du Pape, et à Avignon aussi, pour scavoir celle

____

(1) *Rec. chronol.*, pag. 37.

du vice-légat ; et il les pria d'attendre jusques à ce qu'il
eussent response de l'un et de l'autre de ces endroits (1). »
Ce moyen avait été imaginé pour gagner du temps ; probablement, on n'avait pas écrit à Rome, bien que la prudence
conseillât de le faire. En tout cas, aucune réponse n'arrivait ;
il n'entrait pas dans la politique du Saint-Siège de la donner
encore. Mais, en la faisant espérer, le gardien amusait le
parlement, et s'il n'obtint pas la réouverture de la chapelle,
il prévint toute mesure nouvelle de répression. Le parlement attendit avec patience. Après tout, la volonté de
Pierre d'Auxerre méconnue avait une sanction, puisque les six mois se passèrent sans que la chapelle des
rebelles se rouvrît. On arriva, sans autre incident,
au commencement de l'hiver (1594). Le Père provincial
et quelques religieux du couvent tenus dans l'isolement
éprouvaient cependant un mécontentement assez vif.
Un moment le Père provincial passa même par une
inquiétude telle, qu'il fut sur le point de rappeler les
religieux de Béziers. Heureusement, on lui dit et il comprit « qu'il falloit aller lentement et avec beaucoup de
prudence en ces occasions ; qu'il s'en allât à Avignon
trouver le vice-légat ; et que, s'il ne lui donnoit une
entière résolution, il s'en allât à Rome, afin de sortir une
bonne fois de cet embarras d'affaires (2). » Ce conseil fut
suivi. On finissait par où l'on aurait dû commencer. Le
ridicule, les embarras, les exagérations de la Ligue avaient,
indépendamment de son droit, fait à Henri IV, dès le
premier jour, une situation très forte ; la Ligue devenait de
plus en plus impossible et Henri de Bourbon nécessaire.
Ce fut le P. Egide de Florence, gardien du couvent de
Notre-Dame du Grau, près d'Agde, dont l'apostasie devait
bientôt tant réjouir les Huguenots, que le Père provincial
dépêcha à Avignon. Mais le vice-légat « ne luy donna
qu'une response ambigüe, ne voulant pas faire connoître
les sentimens de la cour de Rome sur cette affaire. Il dit

(1) *Rec. chronol.*, pag. 37.
(2) *Ibid.*, pag. 37.

seulement qu’il falloit user de toute sorte de moyens licittes pour ne point quitter les couvens, au grand préjudice de la religion catholique, et qu’il esperoit de leur envoyer bientôt quelque entière résolution (1). »

Le vice-légat, Silvi Savelli probablement (2), ne tarda pas, en effet, à donner ses instructions au P. Colomban de Milan, gardien du couvent d’Avignon. Celui-ci s’arrêta d’abord à Pézenas, où il vit « Monsr le Conestable », qui y faisait sa résidence ordinaire. Il se rendit ensuite à Béziers, où il vit successivement les Capucins, le Premier Président et la Cour. « Il dit aux frères de Bésiers qu’ils pouvoint sans scrupule prier pour le Roy, s’ils y étoint contraints, plutôt que de quitter le couvent ; et ainsi, estant d’accord avec le Parlement, il leur fit ouvrir la porte de l’esglise et s’en retourna ainsi à Avignon, croyant avoir mis fin à cette affaire (3). »

Mais il n’avait pas compté avec l’opinion des religieux de Béziers, du provincial surtout. De bonne foi, ils ne pensaient pas pouvoir prier pour le roi, tout le prouve. Du reste, le P. Colomban avait eu des torts dans la forme : il n’avait point fait connaître sa commission au provincial, qui avait été extrêmement piqué. De quel droit avait-il agi ? Les religieux n’avaient vu aucun ordre écrit de prier pour le roi. Placé entre sa conscience et les ordres irrégulièrement donnés, le provincial rappela les religieux. Ayant confié les clefs et la garde du couvent aux consuls de la ville, il les dirigea, les uns vers Narbonne, les autres vers Carcassonne, les derniers vers Agde, « et gasta plus les affaires qu’elles ne l’avoint jamais esté (4). » Car c’était l’avis du Saint-Siège, des supérieurs et de tous les hommes prudents, de rester dans les couvents malgré les incommodités et les dangers, pour ne pas laisser aux Huguenots la place libre.

(1) *Rec. chronol.*, pag. 37.
(2) C. Grosjean, *Précis historique sur la ville d’Avignon et le palais apostolique, avec la chronologie des Papes qui y ont siégé, des légats et vice-légats qui y ont résidé*, p. 12. Avignon, 1847, 24 pages.
(3) *Rec. chronol.*, pag. 37-38.
(4) *Ibid.*, pag. 38.

Ce second départ des religieux, après l'étonnement du premier moment, inquiéta Pierre d'Auxerre et les membres du parlement. « Ils en eurent un chagrin qui ne se peut exprimer (1). » Il leur appartenait de les retenir. Dans un premier mouvement, ils accusèrent l'évêque d'avoir fait sortir les religieux « par la fausse porte de l'evesché ». Mais Thomas de Bonsi n'avait rien connu, ni le projet, ni les préparatifs, ni les moyens du départ : il en était même sincèrement affligé. Quant à Montmorenci, il ne dissimula point son chagrin de cette fuite; il adressa de grands reproches au Premier Président, qui avait manqué de vigilance. Un moment on put craindre que l'affaire ne finît par tourner à mal. Enfin la solution arriva; elle vint d'ailleurs, et de plus haut que les personnages qui s'agitaient, à Béziers, entre une volonté impuissante et des consciences honorables, mais enfiévrées.

Le couvent de Béziers ne présentait pas un cas isolé dans l'ordre des Capucins : le refus de l'ordre tout entier de prier pour le roi, refus qui s'était produit avec éclat à Paris et à Lyon, faisait la force des pères de Béziers. Cependant il entrait dans la politique du roi, devenu maître de la capitale (31 mars 1595), de vaincre toutes les résistances, même les plus respectables, mais avec douceur et sans contrainte. Les Capucins, à leur tour, ne pouvaient maintenir de gaieté de cœur une situation fausse, périlleuse, dans laquelle non seulement leur repos dans le moment présent, mais leur existence en France dans l'avenir étaient engagés. Les Capucins de Paris et de Lyon sollicitèrent donc du Roi la grâce d'envoyer deux religieux à Rome pour s'éclairer, et le supplièrent de souffrir jusqu'à leur retour qu'ils ne priassent point pour lui. Henri IV s'empressa d'accorder tout ce qu'on voulut; il prévoyait que la solution de cette affaire délicate viendrait de celui-là même en qui les religieux reconnaissaient le pouvoir de lier et de délier les consciences. A la date du 3 avril 1593, d'Ossat écrivait au marquis de Pisany : « Depuis quelque

____

(1) *Rec. chronol.*, pag. 38.

temps les choses sont grandement meilleurées pour nous dans Rome, tant en la personne de N. S. P. le Pape et des siens, qu'au reste de cete cour; de jour en jour on les voit toujours aller de bien en mieux; comme pour votre particulier le Pape a parlé de votre personne à diverses fois fort honoralement; en donnant encore quelque temps à S. S. vous en aurez audience, et en obtiendrez toutes choses raisonnables (1). » Quinze mois plus tard, quand les deux capucins envoyés par ceux de France arrivèrent à Rome, le pape Clément VIII était mieux disposé encore en faveur du roi. Il « leur déclara ouvertement qu'il y avoit moins de mal à prier pour le Roy quand ils y estoint contraints que d'abandonnner leurs couvens (2). »

La réponse de Clément VIII, aussitôt connue à Paris, fut transmise au connétable de Montmorenci ; et celui-ci chargea son lieutenant, M. de Ventadour, de la communiquer au Provincial, en le priant de réintégrer en conséquence les religieux dans le couvent de Béziers. Or, les esprits étaient montés à ce point d'exaltation que le P. Emmanuel de Turin, provincial, crut n'obtenir des religieux leur entrée au couvent qu'en leur cachant l'obligation où ils allaient être de prier pour le roi. On nomma un nouveau gardien : ce fut le P. Bernardin de Flandres. Il ne prit possession du couvent qu'avec quelques religieux d'abord. Petit à petit tous revinrent ; les esprits s'apaisèrent. Enfin les Capucins prièrent pour le roi, mais un peu à contre-cœur. « Despuis, dit l'auteur des *Memorabilia* en cet endroit, les pères y (au couvent) ont demouré paisiblement, dessimulans de prier pour le Roy principalement quand le susd. Président venoit à la messe, bien qu'à leur grand regret, ne s'y pouvans les prestres accommoder à dire ce *Quæsumus;* et quand l'on prononçoit en la dicte oraison le nom de *Henricus rex noster*, led. Président faisoit une grande bonettade, fleschissant l'ung et l'autre genoux; mais, quand l'on disoit *Per Dominum nostrum*

____

(1) Tome I, pag. 228. Edit. Amelot, Amsterdam, 1708.
(2) *Rec. chronol.*, p. 38.

Jesum Christum, il remettoit son bonet sur la teste, monstrant de faire plus d'estat de l'homme que de Dieu, qui l'en paya, quelques moys après qu'il estoit allé à Lion, où, ayant obtenu du Roy tout ce qu'il désiroit, Dieu juste juge luy voulut monstrer que n'estoit asses de plaire aux hommes et Roys du monde, qu'il falloit aussy recognoistre et plaire à sa divine Majesté, Roy des Roys et dominateur du ciel et de la terre : ce qu'il n'avoit point fait par ses desportemens, particulièrement à l'endroit de nos pauvres religieux qu'il avoit tant troublés et menassés souventes fois de les faire pendre, sans aucun respect de l'ordre ny de la Religion. Ains disoit que si sainct Françoys fut esté en terre de notre opinion, qu'il l'auroit fait pendre, et autres blasphèmes par lesquels l'on peut croire qu'il irrita tellement la divine justice qu'ung matin, se lavant les mains, il fut saisy d'une apoplexie ou convulsion [telle] qu'il n'eut moyen d'invoquer celluy qu'il avoit tant de fois mesprisé ; ni celluy qu'il avoit tant honoré n'eut moyen de luy donner secours, ains mourut bien tost après sans pouvoir proférer une seule parole. C'est la fin que font ceux-là qui s'en prennent à Dieu et à ses saincts, et particulièrement à notre père S. Françoys, selon que nous demonstrent plusieurs exemples escripts en nos chroniques (1). »

Cent ans plus tard, en 1694, le P. Gabriel de Saint-Nazaire, qui s'inspirait si complaisamment des *Memorabilia*, déclarait cependant ne pas vouloir suivre leur auteur « dans le ressentiment qu'il tesmoigne contre ce Premier Président ». Les temps étaient tout autres ; Henri IV portait déjà dans l'histoire le nom de « Grand » ; et sa glorieuse descendance avait montré dans Louis XIII un pieux monarque et dans Louis XIV un roi incomparable, le roi-soleil. Notre annaliste voyait donc dans le refus des religieux de prier pour le roi Henri IV « un exemple étonnant de ce que peut faire la prévention dans des esprits opiniâtres et qui prenent la conscience pour le prétexte de leur obstination (2) ». Deux simples réflexions

(1) *Memorabilia*, f° 17.
(2) *Rec. chronol.*, pag. 38.

corrigeront l'âpreté d'un tel jugement. Les Capucins ne furent pas seuls à ne vouloir pas prier pour le roi. Les Jésuites firent comme eux; et les Chartreux, auxquels personne ne prêtera des visées politiques, « menacez de la saisie de leur temporel, et sollicitez d'ailleurs par les Docteurs de l'Université, se soumirent enfin, mais avec peine (1). » Même après l'entrée d'Henri IV dans Paris, on pouvait craindre que sa conversion ne fût qu'un jeu. L'avenir donna raison aux Capucins et aux Jésuites. Certainement, la première émotion passée, ils en furent heureux. Du reste, ceux qui devancèrent l'heure de la réconciliation officielle du roi pour prier publiquement pour lui le firent par patriotisme, et ceux qui attendirent jusque-là s'inspirèrent de la religion : les uns et les autres obéirent à un sentiment auquel la postérité doit le respect.

Tel fut le litige qui s'éleva à Béziers entre le parlement et les Capucins. Le récit en a été long ; mais je n'en ai dans aucun auteur trouvé mention, et comme la plupart des arrêts du parlement siégeant à Béziers ne nous ont pas été conservés, les deux sources que j'ai consultées en gardent, seules probablement, le souvenir. Du reste, les incidents de cette lutte acharnée nous ont permis de saisir sur le vif l'état des esprits dans une époque remplie de craintes, de troubles et aussi d'espérances, et dans la province du royaume où la Ligue et les Huguenots comptaient le plus de partisans. Au surplus, trois conclusions d'un intérêt historique durable se dégagent de ce récit. 1º Pendant la première partie du règne d'Henri IV, les Capucins restèrent attachés à la Ligue par esprit de foi et de soumission au Saint-Siège. 2º Pendant cette période de courte durée, les Capucins du Languedoc, du reste peu nombreux encore, ne furent pas directement aux prises avec les Huguenots, mais ils semblaient se préparer à se mesurer avec eux. 3º Ils apparurent comme des champions jeunes et ardents, dignes de livrer sur le terrain de la religion ces grands combats qui, à toutes les époques, ont aidé l'Eglise à assurer sa marche

____

(1) De Thou, *Hist.*, tom. XII, p. 151.

à travers les contradictions humaines. Et d'abord le Pape, tous les bons catholiques ensuite leur persuadèrent de ne quitter leurs couvents à aucun prix, afin de ne pas paraître se retirer devant l'ennemi. L'heure de se battre avait, en effet, sonné.

§ V. *Défaite et Victoire.*

La première rencontre dans le Languedoc relevée par les contemporains, après la dispute du P. Ange de Rodez et de Louis Charbonneau, fut à la fois « le sujet d'une grande affliction et d'une grande joye » pour les Capucins. Le lecteur n'a pas oublié les circonstances qui avaient amené auprès du Vice-légat d'Avignon le P. Egide de Florence, gardien du couvent de Notre-Dame du Grau, près d'Agde. Or, à la suite de son nom dans le récit, je lis ce stigmate flétrissant : « *Qui fuit proditor et apostata.* » Par quel chemin fut-il conduit jusqu'à l'inconduite, l'incrédulité et l'apostasie ? Je ne saurais le dire. Toujours est-il que, peu de temps après son retour d'Avignon, il passa aux Huguenots, sans s'être, ce semble, concerté avec eux. Il exécuta son triste dessein d'une manière qui, pour être singulière, n'en dépeint pas moins les mœurs du temps. Non loin de Notre-Dame du Grau, à trois lieues d'Agde, dans une riche habitation de campagne, un « château », dont malheureusement le P. Gabriel de Saint-Nazaire ne me donne pas le nom, vivait une famille opulente et ardente huguenote, qui m'est également inconnue. Un neveu du châtelain, fils d'une mère très catholique qui demeurait à Béziers, était entré chez les Capucins depuis quatre ans, à la grande joie de sa digne mère ; prêtre alors, il faisait partie de la « famille » de Notre-Dame du Grau. Or, c'est le château habité par l'oncle du P. Chérubin de Béziers, que le P. Egide de Florence choisit pour apostasier. Pourquoi ce château, où il n'était pas connu et où il n'avait jamais mis le pied ? Sans doute, par ce qu'il espèrait y trouver un sûr refuge après y avoir librement, joyeusement abandonné la foi catholique. Sous le pré-

texte d'aller visiter un bienfaiteur, il prit donc avec lui le
P. Chérubin de Béziers, un ange sur terre. Malgré ses
vives et réitérées protestations, il se dirigea vers le château
de son oncle, « un des plus méchans hérétiques du païs, et
un homme à tout entreprendre », car, disait-il, « il n'alloit
là que pour descouvrir quelque moyen de le convertir. »

Je laisse maintenant la parole au P. Gabriel de Saint-
Nazaire.

« Ils arrivent au chasteau, dit-il, et sont receus d'abord
avec une extreme froideur ; car, quoyqu'un de ces hostes
feut neveu du maistre du logis, l'habit de religieux qu'ils
portoint l'un et l'autre estoit l'objet de leur aversion. Le
gardien tire à part le gentilhomme et luy decouvre en
secret le dessein pour lequel il est veneu. Le gentilhomme
communique ce secret à sa femme et au reste de sa famille;
et voyla en un instant cette grande froideur et cette tristesse
changée en une grande joye. On se réjouit fort et on fit fort
bonne chère. Mais, le lendemain matin, le malheureux gardien, accompagné du maistre du logis, se présente devant le
P. Chérubin avec un habit séculier, et tous deux ensemble
invitent et pressent le P. Chérubin d'en faire autant. Ce
généreux jeune homme se jette avec grand courage sur le
malheureux apostat, et s'efforce de luy déchirer ses habits;
et il l'auroit exécuté, si son oncle avec ses domestiques ne
l'avoint empesché. On met d'abord en usage tous les moyens
que le démon peut suggérer pour vaincre l'esprit et le cœur
de ce vaillant soldat de J.-C. On appelle les ministres les
plus sçavans et les plus subtils pour surmonter son esprit
par tous les argumens dont ces sortes de gens se servent
pour détruire l'estat religieu . On corrompt et on donne à
la Sainte Ecriture un sens contraire aux véritez catholiques.
Mais que peut la malice humaine contre la sagesse de Dieu?
Cette première attaque des ministres ne fait que luy ouvrir
davantage l'esprit ; et comme un autre saint Estienne, plein
de grâce et de force au milieu des ennemis de la vérité, il
répondit à leurs argumens avec une clarté et une subtilité
admirable ; et, les ayant convaincus d'erreur, il les menaça
hardiment de la mort éternelle s'ils ne revenoint dans le
sein de la véritable esglise.

« Les hérétiques vaincus par les lumières et par les forces de son esprit dressent une nouvelle batterie contre son cœur, et ils attaquent sa chasteté. Mais (et nous croyons devoir abréger ce récit), après sept jours de combat son oncle infâme, ayant honte et des moyens abominables qu'il avoit pris, et de se voir vaincu par un jeune homme dans une espèce de guerre si dangereuse pour un homme de cet âge, le fit remettre à Béziers entre les mains de sa mère, qui estoit une dame non seulement catholique, mais très pieuse. Sa mère, ayant sceu la malice diabolique dont son frère avoit usé envers ce fils incomparable, elle en feut extrêmement affligée, et fit conduire le P. Chérubin à son couvent de N.-D. du Grau, où ses frères estoint en peine de luy et de leur gardien (1).

L'héroïque P. Chérubin de Béziers mourut au couvent de cette ville quatre ans après, en 1598, « en odeur de sainteté (2). »

Cette rencontre des Huguenots et des Capucins, s'il m'est permis de me servir de ce mot, fut donc mélangée de victoire et de défaite. La victoire principale cependant resta aux Capucins; car il n'y eut aucune lutte engagée entre les Huguenots et le P. Egide de Florence, qui ne fut qu'un transfuge, et qu'ils n'eurent même pas à séduire, à gagner, à retenir; dans l'action engagée entre les Huguenots et le P. Chérubin de Béziers, la seule engagée, la victoire, une victoire éclatante, resta à ce jeune héros de la foi et de la chasteté. Le scandale de l'apostasie du P. Egide de Florence ne pouvait donc décourager les Capucins; en un sens, elle leur fut utile; s'inspirant d'une sainte et vigoureuse émulation pour la gloire de Dieu outragé, ils poursuivirent leur mission avec plus de zèle encore, et continuèrent avec confiance leurs utiles fondations pendant les dernières années du XVIᵉ siècle et les premières du XVIIᵉ, à la faveur de la paix qui régnait à l'intérieur du royaume.

Une autre action ne tarda pas toutefois à s'engager.

(1) *Rec. chronol.*, pag. 39-40.
(2) *Ibid.*, page 622.

§ VI. *Fondation du couvent de Montpellier.*

C'est en 1609, vers la fin du règne d'Henri IV, que nous retrouvons les Capucins et les Huguenots en présence, et précisément dans une des villes qui étaient gouvernées par les Huguenots. Il est hors de propos ici de raconter comment Henri IV fut amené à rendre le fameux édit de Nantes, si favorable au parti protestant. « Il estoit necessaire et honête a luy de le mesnager (1) », puisqu'il l'avait aidé si bien à conquérir la couronne. La ville de Montpellier fut comprise parmi celles que le roi lui remit « en ostage », et, comme à Montauban et à la Rochelle, les Huguenots prétendirent y être les maîtres. Henri IV toutefois ne négligea rien pour y assurer le progrès de la religion catholique ; et Jean Garnier, évêque de Montpellier, étant mort le 15 septembre 1607, il présenta pour ce siège, dans le courant de l'année suivante, le savoyard Pierre Fenolliet. « Il auroit esté difficile, dit le P. Gabriel de Saint-Nazaire, de trouver, pour remplir cette place, un ijet plus merittant que Mons^{gr} Pierre Fenouillet, prédicateur ordinaire de Sa Majesté et le plus éloquent homme de son temps, lequel, parmi beaucoup de grandes qualitez, estoit pourveu d'une affection tendre et d'une grande vénération pour nostre ordre (2). » Fenolliet est un des évêques de Montpellier dont l'épiscopat a été le plus long : il gouverna ce diocèse pendant cinquante ans (1608-1657). Quelque opinion que l'on se forme sur la valeur de l'*Apologie du syndic du chapitre cathédral de Montpellier contre un imprimé intitulé :* Découverte et réfutation des faussetez, impostures et calomnies contenues en un imprimé intitulé : *Repliques aux remarques de Monsieur l'evesque de Montpellier sur ie factum dudit syndic* (3), et quelque autorité que l'on accorde à la lettre datée

---

(1) *Rec. chronol.*, pag. 113.
(2) *Ibid.*, pag. 113.
(3) Biblioth. de la ville de Nîmes, recueil 11405, relatif à l'année 1651, d'après M. Germain, *Le Temporel des évêques de Maguelone et de Montpellier*, p. 59, note 1.

du 28 novembre 1644 et adressée au chancelier Séguier par
le juge mage André de Trinquère (1), qui l'accusait de
« maudites actions » et de ne se soucier « de Dieu ny de la
religion catholique », on ne peut contester que Pierre Fenolliet n'ait, au commencement de son épiscopat et longtemps encore après, montré un grand zèle, des vertus
éclatantes et une invincible énergie (2).

Honoré, sinon de l'amitié, du moins de l'estime et de la
bienveillance de S. François de Sales, recommandable par
son talent d'orateur, et signalé au loin pour son noble courage épiscopal, il excita d'abord le plus vif enthousiasme
parmi les catholiques de Montpellier, qui envoyèrent une
députation à Henri IV pour lui exprimer leur joie et leur
reconnaissance. Or, dès son arrivée à Montpellier, Pierre
Fenolliet se déclara le patron et le défenseur des Capucins ;
il les aimait déjà comme des auxiliaires précieux. Pendant
le carême de 1609, il adressa plusieurs lettres au P. Jérôme
de Castelferreti, général de l'ordre, alors en cours de
visites dans le Languedoc, et qu'il avait vu à Montpellier ;
il le priait d'établir un couvent dans sa ville épiscopale, remplie de Huguenots. Peu après Pâques, le Père Général envoya, en effet, à Montpellier, deux commissaires pour s'in-
former de toutes choses et préparer la fondation ; c'étaient
le P. Jacques d'Auch et le P. Placide de Poitiers, deux
religieux jeunes encore, mais qu'il faut compter parmi les
plus distingués de la province, comme le prouve le tableau
des différentes fonctions qu'ils remplirent pendant de longues années (3). L'obstacle à la fondation du couvent, ou les

(1) Biblioth. de l'Institut, fonds Godefroy, vol. 273, fol. 294, d'après
M. Germain, qui en a publié le texte. *Ibid.*

(2) Gariel, *Series præsulum Magalonensium et Monspeliensium,*
pars posterior, p. 311-336. Ed. secunda. Tolosæ, 1664. — Degrefeuille, *Histoire de la ville de Montpellier, seconde partie*, p. 167-182.
— *Gallia christ.*, VI, 818-821.

(3) Fonctions dans l'ordre remplies par le P. Jacques d'Auch,
d'après le P. Gabriel de Saint-Nazaire.

1. Gardien du couvent de Carcassonne en 1603 (p. 78) et en 1607
(p. 97), du couvent d'Agen en 1604 (p. 80), du couvent de Limoux en
1606 (p. 86 et 94), du couvent de Cahors en 1609 (p. 120), du couvent
de Béziers en 1610, 1612, 1613, 1622 et 1623 (p. 122, 132, 145, 202,

entraves, une fois la fondation commencée, ne pouvaient venir que des Huguenots. Tout faisait craindre leur hostilité. Le P. Jacques d'Auch et le P. Placide de Poitiers mirent une extrême prudence, et l'évêque une rare vigueur, à traiter cette délicate affaire et à assurer cette difficile fondation.

L'évêque, en particulier, eut une belle conduite. Deux récits nous en sont parvenus; l'un nous vient des Capucins

212), du couvent d'Ax en 1614 et en 1620 (p. 153, 188), du couvent de Toulouse en 1616, 1629, 1630, 1633, 1634 et 1635 (p. 161, 250, 262, 290, 293, 297), du couvent de Bordeaux en 1626, 1627, 1636, 1637 et 1638 (p. 220, 235, 301, 296 bis, 301 bis).

II. Custode de la custodie de Béziers en 1607, en 1622 et en 1623, (p. 97, 202, 212), de la custodie de Toulouse en 1629, 1630, et de 1633 à 1635 (p. 250, 262, 290, 293, 297), de la custodie de Bordeaux en 1626, 1627, et de 1636 à 1638 (p. 229, 235, 301, 296 bis, 301 bis); custode pour le chapitre général en 1624 (p. 217).

III. Définiteur en 1606 (p. 94), en 1608 (p. 110), en 1611 (p. 128), en 1613 (p. 145), en 1619 (p. 186), en 1622 (p. 201), en 1623 (p. 212), en 1624 (p. 217), en 1625 (p. 227), en 1629 (p. 250), en 1630 (p. 261), et de 1632 à 1638 (p. 273, 289, 293, 297, 300, 296 bis, 301 bis).

IV. Fabricier en 1607 (p. 97), en 1609 (p. 120), du couvent de Cahors en 1608 (p. 111), du couvent de Montpellier de 1611 à 1638, les années 1613, 1617, 1618, 1620 et 1621, 1628 et 1631 seules exceptées (p. 129, 133, 153, 157, 161, 186, 201, 212, 217, 228, 230, 235, 250, 261, 273, 289, 293, 297, 300, 296 bis, 301 bis).

En 1640, année de la division de la province, le P. Jacques d'Auch passa à la province de Guyenne, dont il fut cette année définiteur (p. 313). Il mourut en 1645.

« En 1645, mourut au couvent de Bordeaux le R. P. Jacques d'Auch. Il est parlé de lui très avantageusement dans plusieurs endroits des archives de la province, à cause des soins infatigables qu'il a pris pour l'établissement de plusieurs de nos couvents en Guyenne et en Languedoc. Dieu avait rassemblé dans sa personne tant de belles qualités, qu'elles relevaient glorieusement la bassesse de sa naissance. Il avait surtout le don de se faire aimer. Il fut définiteur pendant vingt ans sans interruption. Les personnes les plus distinguées avaient pour lui une singulière vénération, à Bordeaux et à Toulouse, où il a occupé très souvent et très dignement la place de gardien. Tous les Messieurs du Parlement lui communiquaient les affaires les plus importantes de leur famille, aussi bien que Monsieur le duc d'Epernon, gouverneur de la province de Guyenne. Ce saint religieux, rempli de vertus et de mérites, mourut dans un âge fort avancé et dans une résignation merveilleuse. » *Abrégé de l'Histoire de la Province des Capucins d'Aquitaine, recueilli l'an 1745 par le V. Père Louis de Miradoux, Ms.,* appartenant à M. Osmint. Massias, communiqué par lui au R. P. Apollinaire de Valence.

eux-mêmes, l'autre de Serres dont l'œuvre inédite appartient à la bibliothèque du grand séminaire de Montpellier. Ils concordent pour le fond et se complètent. Je ne saurais mieux faire que de les donner ici l'un et l'autre ; celui du P. Gabriel de Saint-Nazaire fournit plus de détails et est plus circonstancié : il a ici sa place. Celui de Serres est probablement plus ancien, mais plus court ; il contient moins de faits ; je le mets en note (1).

Fonctions dans l'ordre remplies par le P. Placide de Poitiers, d'après le P. Gabriel de Saint-Nazaire.

I. Gardien du couvent de Narbonne en 1611 et 1612 (p. 129, 132), du couvent de Cadillac de 1613 à 1615 (p. 145, 153, 158), du couvent de Carcassonne en 1616 (p. 161), du couvent de Villefranche-du-Rouergue en 1620 (p. 188), du couvent d'Agen en 1622 et 1623 (p. 202, 212), du couvent de Béziers en 1629 et 1630 (p. 251, 262), du couvent de Montpellier en 1636, en 1637, et de 1643 à 1647 (p. 301, 296 bis, 338, 351, 354, 357), du couvent de Toulouse de 1625 à 1627, et en 1649 (P. 228, 229, 234, 360).

II. Custode de la custodie de Bordeaux en 1623 (p. 212), de Toulouse en 1625 et en 1627 (p. 228, 234), de Béziers en 1629, 1630, 1636 et 1647 (p. 251, 262, 301, 357) ; custode pour le chapitre général en 1624, 1630, 1636 et 1642 (p. 217, 251, 300, 333).

III. Provincial de la province d'Aquitaine en 1632, 1633, 1634 et 1638 (p. 273, 289, 293, 301 bis), de la province de Languedoc en 1640, 1641 et 1644 (p. 313, 327, 347).

IV. Définiteur en 1623 (p. 212), 1625 (p. 227), 1629 (p. 250), 1630 (p. 261), 1632 (p. 273), 1636 (p. 300), 1638 (p. 301), 1642 (p. 333), 1643 (p. 338), 1646 (p. 354), 1647 (p. 357), et 1649 (p. 360).

Mort à Montpellier en 1652 (p. 535).

(1) « Comme ils (les Huguenots) vouloient contrefaire les zélés pour le bien de l'Etat, et qu'ils publioient hautement qu'ils vouloient empêcher les brigues et les complots qui pourroient se machiner contre l'Etat, ils voulurent, sous ce prétexte spécieux, empêcher les assemblées et les exercices de MM. les pénitens blancs de cette ville ; de quoi pourtant ils ne peurent pas venir à bout. Mais six années après, ils donnèrent des marques plus certaines de la haine et de l'aversion qu'ils avoient contre les catholiques, et firent bien voir qu'ils étoient de véritables brouillons.

« Par ce que le dimanche dernier du mois de mai, Monsr de Fenouillet, evesque de cette ville, ayant résolu de dresser une église et un convent pour les pères Capucins qu'il avoit appelés à Montpellier, il leur achaipta un enclos appellé le Grand Jardin, qui étoit situé dans l'enclos de la ville proche la porte des Carmes.

« Et voulant exécuter ce pieux dessein avec le P. Archange, capucin, qui étoit pour lors provincial, et plusieurs autres capucins qui étoient en cette ville, ce Père Archange le publia le matin dans une prédication qu'il fit. Mais les consuls en ayant été advertis, parce qu'ils

« Les deux Pères, raconte donc le P. Gabriel de Saint-Nazaire, pratiquèrent d'entrer fort tard dans la ville, pour évitter mille questions incomodes qu'on auroit peu leur faire à la porte, et les soupçons des Huguenots qui les auroient veus entrer. Ils feurent logez chez Monseigneur l'Evesque, et ne pareurent guères dans la ville pour ceste

étoient huguenots, s'y opposèrent, en disant que ce convent ne pouvoit pas s'établir, tant par ce qu'il n'y en avoit jamais eu de cet ordre dans la ville, qu'à cause que le lieu où l'on avoit dessein de le bâtir étoit trop près des murailles de la ville, menassant de ne pouvoir pas empêcher une sédition, en cas où (on) vint à passer outre sans que le Roi eut entendu leurs plaintes et leurs raisons.

« Au contraire, Mr de Fenouillet leur disoit que ce n'estoit qu'un pur refus, les assurant qu'il avoit une permission du Roi pour le faire. Toutefois, pour appaiser la rumeur, il promit aux consuls de faire autre chose pour le coup que on porteroit en procession au jardin la croix qu'il y vouloit faire apposer, et que pour le surplus il attendroit que le Roy en eust plus amplement et plus expressement déclaré sa volonté; ce que les consuls ne trouvèrent pas bon.

« Mais pour l'empêcher, ils mettoient en avant une sédition qu'ils supposoient estre arrivée en l'année 1600, le jour et feste des Innocents; à quoi Mr de Fenouillet ne respondit autre chose, si ce n'est que lors de cette sédition dont ils parloient, le Roi n'avoit point d'ennemis. Finallement, le même jour ayant esté faict une assemblée des depputés et surintendants tant de l'une que de l'autre religion, dans la maison de Mr le président d'Anduze, et n'ayant pas peu entre eux prendre aucun expédient pour empêcher la résolution de Mr de Fenouillet, l'assemblée des catholiques, pour marcher en procession, se fit à l'église de la Canourgue, où le Père Archange avoit presché.

« La croix de bois des Capucins ayant esté benite en cet endroit et à cette esglise de la Canourgue, elle feut portée en procession dans ce grand jardin, et eslevée au bout de l'allée qui estoit près de la porte, estant à remarquer qu'il y avoit à cette procession cinq ou six mille catholiques, tant hommes que femmes, qui passèrent depuis cette église de la Canourgue jusques au dessous de St-Pierre, toujours à pied, dans une haye de soldats huguenots armés qui avoient leurs mousquets, arquebuses et mesches allumées, piques, hallebardes et autres armes offensives. Et quand la procession feut au coin dans la rue de ce grand jardin, on trouva qu'elle estoit barricadée avec des tonneaux, barils et autres choses qui empechoient le passage; et tout cella gardé par des soldats huguenots, lesquels, après plusieurs *Qui va là,* et commandement de se retirer sur peine qu'ils tireroient sur eux, Mr de Fenouillet s'avança et leur dit de laisser le passage libre. A quoi ayant reffusé d'obéir, Mr de Fenouillet, assisté de Mr le marquis d'Oraison, du comte de Rieux, du chevalier de Montmorency, du sieur de St-Auban, du sieur de Pictot, de Mr de Muvres, du sieur de Fressan, du chevalier de Montpesat et de plusieurs autres gen-

mesme raison. Ils reconneurent une place que Mons.
de Saint-Alban offroit de leur donner; mais ils la trouvèrent et trop esloignée de la ville et trop dépourveue d'eau;
et il feut convenu avec Monseigneur l'Evesque qu'il n'y
auroit point de seureté à se loger hors de la ville, à cause
des troubles qui estoient ordinaires en ce temps là. Mais,

tilshommes de distinction, et de quelques magistrats, il enfonça la
barricade et passa avec tout le peuple.

« Tous ces huguenots armés, voyant cela et la barricade enfoncée,
firent une décharge de mousqueterie sur Mʳ de Fenouillet et sur sa
trouppe pour leur faire peur; et alors ce grand prélat, loin de s'étonner, commença à crier à cette noblesse avec un ton de voix ferme et
résolu, faisant semblant d'aller à eux : « Courage, mes amis; on salue
la croix. Vive Jésus! » Il prononça ces mots avec tant de fermeté et
tesmoigna tant d'assurance que, bien loin que ces huguenots conti-
nuassent leurs menasses et leurs criailleries, ils s'en allèrent à la tour
de la porte des Carmés et sur les murailles de la ville qui estoient
vis-à-vis de ce grand jardin; et pour lors quelques arquebusiers
huguenots tirèrent quelques arquebusades sans balle, pour faire peur
seulement; mais nonobstant cella, on passa outre courageusement :
ce qui donna sujet aux huguenots de mesdire à leur accoustumée et
de dire par moquerie que la croix estoit espagnole, parce qu'elle estoit
peinte en rouge, et qu'elle présageoit quelque malheur et quelque
massacre. En effet, ils firent à ce sujet quelques assemblées et courir
un bruit qu'il y auroit une sédition. Mais, grâces à Dieu, tout feut
paisible, et la croix feut eslevée le sabmedy 13 juin. Mais quelques
années après, les Huguenots estant devenus plus absolus, firent quitter
à ces bons religieux l'endroit où cette croix estoit eslevée et où ils
s'estoient logés, soubs ce frivole prétexte que ces religieux estoient
trop près des murailles de la ville; ce quy obligea Mʳ de Fenouillet
de les placer pour un cependant dans le collège de la *Capello Nouvo*;
et leur ayant faict donner deux mille livres pour les desdomager de
quelques fraix qu'ils avoient faicts à leur première habitation, ils
achaiptèrent une maison à l'endroit où ils sont à présent et où ils ne
restèrent pas longtemps en repos, par ce que les huguenots prirent
prétexte que ces religieux avoient fait une mine pour faire sauter leur
temple, lorsqu'ils seroient dedans; mais, après avoir faict vériffier sy
la chose estoit veritable et trouvé que non, ils leur mirent les enfens
après, qui leur vomissoient mille injures et leur tiroient des coups
de pierres et de fusil en l'air pour leur faire peur et les obliger par là à
quitter la ville, comme firent presque tous les autres religieux et religieuses. » *Abrégé de l'Histoire du Calvinisme de la ville de Montpellier*, par M. Serres. Biblioth. du grand séminaire de Montpellier,
Fᵒˢ 65-76. — M. le Pasteur Corbière, *Histoire de l'Eglise réformée de
Montpellier*, p. 136-138 (in-8⁰, 1861), a suivi à peu près le récit de
Serres; de même avant lui, Gariel, *Series præsul.*, p. 316, 317, et
Degrefeuille, *Hist. de la ville de Montpellier*, seconde partie, p. 177.

ayant pris garde qu'il y auroit un assez grand jardin près de l'esglise de St-Pierre et des murailles de la ville, ils se déterminèrent à se loger là. Ce jardin apartenoit à un catholique qui s'en accorda avec Monseigneur l'Evesque, moyennant la somme de deux mille livres qui luy feust d'abort comptée par ce seigneur. Ces nouvelles ayant esté données au R. P. Provincial, il se rendit à Montpellier avec les autres fabriciers. On dressa le plan du couvent; après quoy le R. P. Provincial fit retirer les fabriciers, et retint seulement avec luy le R. P. Jacques d'Auch. Les choses estant en cet estat, il feust resoleu de planter la croix le dimanche dans l'octave de l'Ascension. Mais, comme les hérétiques avaient remarqué qu'il s'estoit assemblé des Capucins, et qu'on n'avoit peu évitter qu'ils conneussent le dessein qu'avoit Monseigneur l'Evesque de leur ériger un convent, ils firent plusieurs assemblées dans la maison de ville pour pourvoir aux moyens de l'empescher. Ils deputèrent premièrement le premier consul, et, après, le président Boucault (1), pour aller representer à Monseigneur l'Evesque que ce n'estoit pas la volonté du Roy qu'on fît de semblables establissemens dans les villes qu'on leur avoit données pour ostage, et pour luy protester qu'ils s'y opposeroint de toutte leur force par le moyen des armes; ils adjoutèrent qu'il avoit grand inthérest à bien prendre garde à ce qu'il alloit entreprendre, par ce qu'asseurément ce seroit une occasion à faire esgorger tous les catholiques qui estoint dans la ville, et à se faire massacrer luy-mesme. Ce grand prélat, avec un courage qui n'est pas ordinaire à ceux de sa profession, leur respondit avec prudence et avec fermeté, que, quoy qu'il feut asses instruit de la volonté du Roy, il n'avoit pas toutesfois resolu de mettre une seule pierre sur l'autre qu'il n'y eut un ordre plus positif; mais que personne ne pouvoit trouver à dire qu'il plantât une croix dans un jardin qui estoit à luy; qu'il venoit d'achetter et de payer ce jardin; et qu'il pouvoit faire dans son bien

---

(1) Pierre Boucaud, seigneur de Teiran, président en la Cour des Aides de Montpellier depuis 1604. *La France protestante*, Ed. Bordier, tome II, col. 169, 939.

ce qu'il luy plaisoit; il leur déclara enfin qu'ils fissent ce qu'ils pourroient, et que ce jour mesme, après midi, la croix seroit plantée; et que, si son clergé et les autres catholiques n'avoient pas le courage de l'y suivre, il fairoit la cérémonie tout seul avec deux capucins. Comme l'heure de la prédication du matin arriva, il alla de là monter en chaire, plein de zèle; et il parla avec une éloquence admirable sur ces parolles de l'Evangile de ce dimanche : « Absque synagogis facient vos; sed venit hora ut omnis qui interfecit vos arbitratur obsequium se præstare Deo: et hæc facient vobis quia non noverunt patrem neque me. » (Joan., XVI, 2, 3.) Il appliqua ces parolles au sujet d'une manière si juste et si touchante, que tous les catholiques feurent animez à mespriser les violences des hérétiques. Il déclara à son auditoire que, ce mesme jour, à trois heures après midi, la croix seroit plantée, et que la procession partiroit de l'esglise de la Canourgue. Il conseilla aux catholiques qui n'avoient pas assez de courage pour assister à cette cérémonie, de demeurer enfermez dans leurs maisons; mais à ceux qui voudroint y assister, il les avertit de ne porter point d'autres armes que la mansuétude et l'humilité, qui sont les armes des brebis de Jésus-Christ, et que la croix avoit asses de force en elle-mesme pour resister aux insultes de ses ennemis.

« L'heure marquée pour la cérémonie estant arrivée, tout le peuple se rendit à l'esglise, où le R. P. Provincial fit un très beau sermon sur la vertu et le triomphe de la croix. Mais quand il avoit occasion de parler des Huguenots, il en parloit avec une grande reteneue et avec beaucoup de charité. Ensuite Monseigneur l'Evesque bénit dans l'esglise la croix, qui estoit de la hauteur de douze ou quinze palmes. Et la procession marcha dans cet ordre : le R. P. Jacques alloit devant, portant levée la croix qui devoit être plantée; après luy venoit la croix du chapitre, ensuite le clergé, enfin Monseigneur l'Evesque avec le R. P. Provincial. La procession estoit suivie de quelques présidens et conseillers de la Cour des Aides; et mesme le juge mage y vouleut assister, afin d'appaiser la sédition par sa présence.

« Cette remarque, que je trouve dans les *Mémoires*, donne lieu de croire que ce juge mage est oit huguenot, parce que, s'il eut esté catholique, il n'auroit pas esté extraordinaire qu'il y eust assisté, ny sa présence n'auroit pas produit un plus grand effet sur le peuple huguenot que celle des présidens.

« Monsieur le chevallier de Montmorenci, fils naturel du conestable, avec un autre seigneur des plus considérables, ayant leurs épées au costé, s'allèrent placer auprès du P. Jacques qui portoit la croix, et le mirent au milieu à dessein de le deffendre, si quelqu'un entreprenoit de l'insulter. La procession marcha dans cet ordre par les rues de la ville, pendant que la musique chantoit les hymnes de la croix ; et tout parçut paisible jusques à ce qu'on s'aprocha du lieu où la croix devoit estre plantée. On trouva la rue qui y conduisoit remplie d'hommes armez, qui s'estoient rangez en haye avec leurs fusils en joue. Quand le P. Jacques les descouvrit, il pria le chevallier de Montmorenci et l'autre seigneur qui estoit à ses costés de se retirer pour éviter le désordre, ou, s'ils ne vouloient point se retirer, de quitter au moins leurs espées, leur disant que la croix avoit asses de force en elle-mesme pour se deffendre. Et sur ce que ces seigneurs luy refusèrent de le quitter, il s'arresta tout court, et la procession ne marchant pas, Monseigneur l'Evesque à qui on en dit la raison, s'avança pour prier ces seigneurs de se retirer. La procession s'avança ensuitte d'un pas ferme, sans que personne s'esmeut ; et les gens armés, voyant que personne n'avoit peur, s'allèrent poster dans le jardin où elle devoit entrer, et s'y rangèrent de la mesme manière, commençant leur haie à la porte. On marcha encore avec la mesme fermetté ; et ces soldats, soit qu'une main invisible les retint, ou qu'ils eussent ordre de ne tirer pas, se retirèrent sur le rempart, duquel on découvroit tout le jardin, sans faire mal à personne.

« La croix feut plantée et adorée avec grand respect, premièrement par Monseigneur l'Evesque, après par le clergé, ensuitte par les officiers, et par un grand nombre de catholiques jusques à quatre mille personnes. Tout cela se fit sans trouble et avec grande paix. Il n'y eut que quelques dix ou douze coups de fusil tirez en l'air par les hommes armez qui estoint sur le rempart; et la procession se retourna à l'esglise de Nostre-Dame avec les chants des Messieurs qui chantoint le *Te Deum laudamus* d'une manière si gaye et si devote que les Huguenots qui, le matin, avoint esté si animez, en estant touchez, sortoint aux portes de leurs maisons ou se mettoint aux fenestres pour voir, pour entendre le triomphe de la croix.

« Après cette cérémonie et après que le R. P. Provincial eut presché dans la ville les festes de Pentecôte, il se retira à Besiers, et laissa à Montpellier le P. Placide de Poitiers, avec le P. Celse, qui estoit fabricien.

« Cependant Monseigneur l'Evesque d'un costé et les Huguenots de l'autre escrivirent en cour pour instruire Sa Majesté ce qui s'estoit passé. Les hérétiques traittoint l'action de l'Evesque d'insulte, d'attentat, et l'Evesque se plaignoit de la résistance des hérétiques comme d'une sédition. La response feust que Sa Majesté aprouvoit l'action de Monseigneur l'Evesque et blasmoit la conduitte du peuple, et deffendoit soubs de grièves peines de porter aucun empeschement à l'establissement d'un convent des Capucins à Montpellier. Depuis la croix plantée, les hérétiques l'avoint arrachée la nuit et l'avoint bruslée. Mais nos Pères, après avoir receu ces nouvelles de la Cour, en remirent une autre de beaucoup plus haute. Les lettres de la Cour adressées à Monseig^r l'Evesque et aux Consuls estoint dattées de Fontainebleau, le 12 juin. Comme le caractère de l'hérésie est d'estre opiniastre, les Huguenots ne se rebuttèrent pas, mais ils remontrèrent au Roy que le convent des Capucins seroit trop prez des murailles pour la seureté de la ville; qu'ils avoint intherest de la garder comme un ostage que Sa Majesté leur avoit donné de sa bonne volonté; qu'il y avoit des capucins qui avoient fait la guerre avant d'estre religieux, et qu'il n'estoit pas seur pour eux de souffrir des gens de cette sorte si prez de leurs murailles. Le Roy donna ordre qu'on luy envoyat le plan de ce lieu pour vérifier par luy-mesme si ce qu'on lui avoit remontré estoit vray; et ayant trouvé que la proximité des murailles n'estoit pas si grande, ni que le danger qu'on alléguoit ne s'y trouvoit pas, Sa Majesté donna de nouveaux ordres dattés du 17 octobre, par lesquels il ordonnoit que sa première volonté feut executée, et chargeoit Monsieur de Ventadour de tenir la main à la faire exécuter. Les Huguenots trouvèrent encore le moyen d'obtenir de Monsr de Ventadour quelque deslay avant qu'on commençât de bastir; et ce deslay porta l'affaire jusques à l'année prochaine (1).»

De ce récit combiné avec celui de Serres, il résulte : 1° que les Huguenots, vivement irrités par la fondation d'un couvent de Capucins à Montpellier, mirent pour l'empêcher tout en œuvre, négociations avec l'évêque, menaces armées, réclamations mensongères auprès du roi; 2° que l'évêque Fenolliet montra une décision de caractère si prompte et si courageuse, que par elle, et grâce à l'appui des catholiques, les premières oppositions furent vaincues; 3° qu'Henri IV ne se départit pas dans cette affaire, par quelques côtés assez délicate, de l'esprit de justice et de la sage modération dont il s'inspirait depuis le commencement du règne, et qui lui avait concilié les Catholiques sans lui aliéner les Huguenots ; 4° que cependant ceux-ci ne désarmèrent pas de sitôt, dans l'espérance de se débarrasser d'un adversaire importun, courageux et estimé ; 5° enfin que les Capucins, loin de se laisser intimider, comme la plupart des autres religieux, eurent assez de constance pour rester et se maintenir dans une ville pleine d'embûches, et au milieu de dangers toujours renaissants.

L'année suivante, Henri IV, qui avait échappé à dix-neuf tentatives d'assassinat, était frappé par Ravaillac en plein jour et en plein Paris (14 mai 1610). Le dauphin n'avait pas encore neuf ans. Le gouvernement de la France passait à la reine-mère, Marie de Médicis. La paix relative dans laquelle les Catholiques et les Huguenots vivaient depuis quinze ans, allait être troublée et pour longtemps. Sous

(1) *Rec. chron.*, page 114-116.

Louis XIII, la lutte ouverte entre les Huguenots et les Capucins non seulement aura pour but le maintien des fondations acquises ou même la fondation de couvents nouveaux, mais encore, prenant un caractère plus élevé, sinon plus dramatique, elle embrassera la controverse doctrinale publique, parlée ou écrite. Elle est alors plus digne d'attention et d'étude qu'au temps d'Henri IV.

Lyon. — Imprimerie Vitte et Perrussel, rue Condé, 30

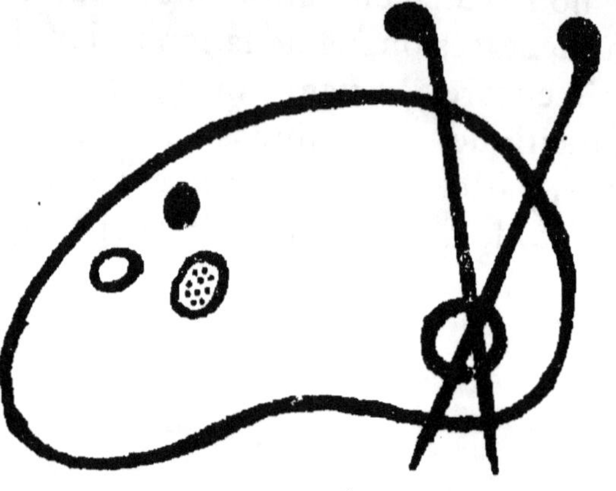

Original en couleur

NF Z 43-120-8